家政服务业
雇主行为倾向研究

基于感知价值理论的视角

周伟韬◎著

经济管理出版社
ECONOMY & MANAGEMENT PUBLISHING HOUSE

图书在版编目（CIP）数据

家政服务业雇主行为倾向研究：基于感知价值理论的视角/周伟韬著．—北京：经济管理出版社，2023.9

ISBN 978-7-5096-9252-3

Ⅰ．①家…　　Ⅱ．①周…　　Ⅲ．①家政服务—服务业—消费者—行为分析—中国　Ⅳ．①F726.99

中国国家版本馆 CIP 数据核字（2023）第 177857 号

组稿编辑：张　艺
责任编辑：申桂萍
助理编辑：张　艺
责任印制：许　艳
责任校对：王淑卿

出版发行：经济管理出版社
　　　　　（北京市海淀区北蜂窝 8 号中雅大厦 A 座 11 层　100038）
网　　　址：www.E-mp.com.cn
电　　　话：(010) 51915602
印　　　刷：唐山玺诚印务有限公司
经　　　销：新华书店
开　　　本：720mm×1000mm/16
印　　　张：10.5
字　　　数：178 千字
版　　　次：2023 年 9 月第 1 版　　2023 年 9 月第 1 次印刷
书　　　号：ISBN 978-7-5096-9252-3
定　　　价：68.00 元

序　言

　　家政作为一种社会事实或社会现象，是众多社会科学共同的研究对象。家政就是家庭的治理，家政学就是研究家庭治理的学问。家庭治理的基本主体是家庭成员，但由于家庭是社会的细胞，家庭与国家、市场、社会及科学技术等存在密切且复杂的关系，因此家庭治理还存在国家、市场、社会及科技等次级主体，也就是说家庭治理还需要国家、市场、社会及科技为其提供引导、支持和帮助，我们统一将这些称为家政服务。随着社会的发展，家庭治理变得越来越重要，也越来越复杂，家政学研究也就越来越受到重视。

　　家政主体的多元性决定了家政内容的复杂性，而这正是家政学研究的独特价值和魅力所在。家庭很早就是诸多社会科学研究的对象，如社会学有家庭社会学，经济学有家庭经济学，人类学有家庭人类学，等等，但这些学科的家庭研究都聚焦于从各自学科的视角对家庭运行机制与规律探讨，很少关注家庭治理的问题，因此也较少讨论家庭与国家、市场、社会及科学技术发展之间的关系问题。家政的家庭治理多元主体特性极大地丰富了家庭研究的内容，为家政学的生存和发展拓宽了空间。

　　家政也就是家庭治理的主体分为基本主体和次级主体，家庭成员是基本主体，国家、市场、社会和科技是家政的次级主体。在传统的农业社会中，家庭治理靠基本主体（家庭成员）就能够解决问题，但在现代社会中，家庭必须借助次级主体的帮助才能够高质量地完成家庭治理的任务。家政次级主体是通过指导、协助、支持、影响基本主体来实现家庭治理的功能的。家政次级主体（国家、市场、社会和科技）参与家庭治理，统称为家政服务。国家通过制定政策和制度来影响家政业，市场运用资本的力量来为家庭治理服务，社会通过建设健康的社会文化、民俗来形成社会风气和舆论，以及借助基层社区及民间组织的力量来帮助和推动家庭治理。科技也列为家政的次级主体，是因为当下已经进入智慧时代，人工智能技术和各种服务型机器人进入家庭已经成为常态，高科技会越来越成为影响家庭治理的重要因素。

按照这样的思路和逻辑来思考家政问题，发现要研究的问题是非常多的，这些问题不仅是实际操作层面的，而且是需要创新的理论问题。仅以家政的市场次级主体为例，资本的力量早就进入家政领域，各地的家政服务公司如雨后春笋般涌现，家政服务已经形成具有巨大发展潜力的市场。但家政服务市场是一种新兴的市场，它不同于传统意义上的各类市场，家政服务市场如何定价，市场的交易机制和运行规律是怎样的，市场如何进行有效的管理……这些不仅是现实生活中需要解决的问题，而且是需要从理论上做出解释和创新的重要问题。

本书是运用管理学的理论和定量分析方法研究家政服务市场中的雇主行为倾向。具体来说就是运用管理学中的消费者价值感知理论构建分析框架，提出研究假设，运用问卷调查方法收集数据资料，通过对调查数据的统计建模与分析检验，得出研究结论。

本书的价值在于运用既有的理论和规范的定量方法来研究一个新的社会事实——家政市场中雇主的行为倾向，而且得出了有学术价值的研究结论。这项研究本身就是一个大胆的创新举动，会对家政研究起到一个比较好的示范作用。

希望本书的出版能够引发更多学者对家政学研究的兴趣。

是为序。

武汉大学社会学院　罗教讲

二〇二三年八月二十二日

于湖南女子学院大数据与精准社会服务研究中心

前　言

据中华人民共和国商务部报道，2020 年，中国家政服务业市场规模有望保持 20%的年均增幅，行业规模将持续扩大，产值将达到 2 万亿元，成为重要的新经济动能。据快咨询网报道，截至 2021 年 4 月，我国名称或经营范围含"家政"的企业已超过 193 万家。

然而，多数企业对雇主需求的认知和把握能力非常有限，在很大程度上阻碍了服务供给的有效性，即便是一些正规运作的家政公司，也仅仅专注于拓展业务，在很大程度上忽略了对雇主购买意愿的认真研究，其营销策略普遍简单、粗糙，缺乏针对性。由于缺乏有效的市场定位，对企业服务人员的培训只停留在一些最基本的动作规范和常识性知识的宣传上，完全不能有针对性地满足雇主需求，损害雇主利益甚至更严重的事件时有发生，导致雇主对企业失去信任，甚至产生对立心理。这也使企业发展受阻，行业形象受损。

因此，家政企业必须深入了解和探析雇主购买行为产生机制，在关注雇主对服务质量、产品功能、产品价格、风险规避等实用价值获得感的同时，还必须关注雇主因购买和使用家政服务而获得的精神享受、社会认可、经验积累、体验效果，以及在此基础上形成的对企业、产品、品牌和服务的情感依赖等心理价值获得感，进而为价值链各环节设计有效的管理和营销策略，提升雇主价值，形成企业的核心竞争力。

可见，对于家政服务企业而言，至关重要的任务还在于把握雇主购买行为的形成机制，深入研究其各方面的因素对雇主购买行为的影响效应，从而有利于制定针对性更强、更具实施性和操作性的管理与营销策略。

家政服务业在国外是一个相对较小的产业，其研究也相对较少，可资借鉴的经验不多。而家政业在中国迅速崛起虽30年有余，家政学也已成为中等教育、高等教育的新兴学科，但对作为家政学体系重要构成部分和家政营销学重要理论基础的雇主购买行为的研究却相对滞后，相关理论较零散，尚未形成体系。为此，本书将系统讨论感知价值理论视角下的家政业雇主购买行为倾向，以期进一步充实家政服务业雇主购买行为的研究方法和相关理论，对家政学体系的构建和完善提供有益的探索，并为家政企业的营销策略提供新的理论支撑。

　　本书应用实证研究法，旨在探寻家政雇主感知价值及其前因变量对购买行为倾向的影响，深入探究雇主感知价值的构成要素和价值在各构成要素间的传递路径，找出直接影响雇主购买行为倾向的关键因素，进一步探讨家政企业如何通过重构雇主感知价值的传递机制，形成良好的家政企业雇主关系，并为有效引导雇主购买行为倾向提供相应策略。

　　本书的主体框架共六章。第1章绪论，主要阐述研究背景和研究意义。第2章文献综述，围绕绪论中所提出的研究问题，较全面地回顾与家政服务相关的感知价值、购买行为倾向等方面的知识和已经取得的研究成果，提出基于感知价值的家政服务雇主购买行为倾向形成的基本构想和研究方向。第3章理论基础与研究假设，对家政服务雇主感知价值的前因变量、感知价值各维度以及雇主购买行为倾向之间的相互关系提出研究假设，并据此构建理论框架。第4章变量测量与数据收集设计，在前人研究成果的基础上，结合家政服务业的实际情况，为每一个变量开发测量量表，设计预测试问卷并在其基础上形成正式问卷，以及对正式调研相关技术进行说明。第5章数据分析，对数据进行信效度检验、独立样本T检验、雇主感知价值及前因变量对行为倾向的Pearson相关性分析，构建结构方程模型，计算路径系数和影响效应。对同一人口统计变量的不同群组在各主要路径上的调节效应的差异性进行验证和分析，这也是本书的亮点之一。第6章研究结论与展望，总结研究过程中的新发现和理论贡献，给出最终定型的理论模型，提炼出家政服务业的情感价值公式，提出对家政服务企业管理与营销活动的相关启示，指出进一步研究需要改进的地方，并对未来进一步深入研究提出展望。

　　随着家政市场进一步成熟，雇主购买的已经不仅仅是家政服务本身，更是依托于服务的延伸效益，也就是除产品基本功能外的情感价值和社会价值等方面的感知效益。希望本书能为相关研究及企业经营管理提供有益的思路。

在本书付梓之际，感谢我的博士生导师武汉大学罗教讲教授为本书初稿提出的宝贵修改意见和建议，感谢西昌学院科技部门及相关领导对本书出版给予的关心与支持，感谢经济管理出版社工作人员为本书出版付出的艰辛劳动。

周伟韬

2023 年 6 月

目　录

1 绪 论

本章是对研究背景、相关理论和术语、待研究的问题、研究目的和意义、可能的创新点和预期成果等方面的概括性介绍，并在此基础上对本书研究内容和结构进行安排。

1.1 研究背景

在中国，"家政"思想形成很早，《周易·家人》指出："正家而天下定矣。"《礼记·大学》中也有"修身、齐家、治国、平天下"的论述，进一步阐明了治家与治国的关系。明末清初，朱柏庐所著的《朱子家训》被视为当时家庭管理和家政教育的重要理论。但真正意义上的家政服务教育直到 1904 年才在中国开展起来，而大学家政教育在 1919 年刚得到推广，就由于历史原因被中断。

进入 20 世纪中后期，中国经济与社会发展驶入"快车道"，人们的生活节奏随之加快，消费观念进而发生变化，逐渐显现的家庭小型化、服务社会化、技术专业化、人口老龄化现象，使从事家政研究、培训、经营、管理等服务的专业机构迅速发展起来，继而引发更具专业化和社会化的家政业从服务业中分化出来（邓小丽，2012）。2000 年，劳动部将"家庭服务员"作为一种职业确定下来，自此，家政服务完全步入"职业化发展"轨道①。

---

① 《招用技术工种从业人员规定》。

进入 21 世纪，随着生活水平进一步提高，人们渴望生活品质也能得到同步提升，家政服务迅速成为中国很大一部分家庭生活的"刚需"（吴限，2019）。

2023 年 2 月，国家统计局公布的《中华人民共和国 2022 年国民经济和社会发展统计公报》（以下简称《公报》）显示，截至 2022 年底，中国 60 岁以上老年人口数量已达到 2.8 亿，65 岁以上老年人口也已达到 2.098 亿，分别占到中国人口总数的 19.8% 和 14.9%。2020 年，我国失能老龄人口为 5271 万，北京大学一项人口学研究显示，预计到 2030 年，失能老龄人口将达到 7765 万，迫切需要家政人员提供照护服务①。仅此部分老年人所需照护人员缺口就达 1000 万。老龄化社会已成为家政服务需求快速增长的重要因素。同时，随着二孩、三孩生育政策的进一步落实，引发了"孕、生、养、育"等家政服务需求快速增长。《公报》显示，中国现有城市人口已经达到 92071 万，城镇家庭 21041 万户，约 15% 的家庭需要家政服务，仅市场对家政服务员的需求数量一项，缺口就达 2000 多万人。在中国的城市家庭里，老人和孩子的照顾问题和家政服务员的供需矛盾日益显现，逐渐成为影响国家长远发展的显著问题。

2021 年，中国家政服务业的市场规模已经达到 1 万亿元，比 2018 年净增了 4000 亿元，三年时间，市场就增长了 67%。预计"十四五"时期家政市场有望保持 20% 的年均增幅，行业规模将持续扩大，产值最低将达到 2 万亿元，成为新的经济动能（苏海南，2020）。相应地，与家政服务相关的企业也在快速成长，目前，从事家政服务相关活动的中国企业已达到 70.5 万家。

然而，即便拥有如此之多的家政服务企业，同时又面对如此旺盛的市场需求，中国家政服务业不仅存在大量企业因缺乏雇主而倒闭，而且雇主在寻找家政公司和服务人员时也面临"一人难求"的局面。出现这种情况的根本原因是企业不能提供有效供给，多数企业并不了解雇主的真实需求，因而缺乏正规化、标准化、有效性的运作，导致雇主对服务不满意等问题非常突出。严重阻滞了行业及产业的健康、有序发展。

据《中国家政服务业发展报告（2018）》数据显示，90.8% 的中国家政服务人员年龄为 31~50 岁，49.8% 为高中、中专、技校学历，其中女性占比 95.5%，且 59% 来自农村。家政服务业供给端服务员的整体结构在很大程度上

---

① https://www.sohu.com/a/488668873_121124528.

影响到该行业对人力资源的多元化需求，这也在一定程度上反映出中国家政服务仍处于行业发展的初级阶段。同时，这样的服务人员结构导致企业对雇主需求的认知和把握能力非常有限，也在很大程度上阻碍了服务供给的有效性，雇主需求很难得到有效满足。

目前，中国内地尚无能与国际品牌相抗衡的家政服务品牌，更让人担忧的是，优秀的国际家政服务品牌正大举抢占中国市场，对中国内地企业造成了巨大的压力。虽然国内市场服务人员缺口较大，雇主难以找到企业和服务员，对价格的敏感度不高，对企业的选择范围不大，对服务质量的要求不高，表面上看，市场竞争并不激烈，从业者仅需一块招牌、一张办公桌、几平方米的门店就可以开业，部分企业还能盈利。但大量家政企业普遍缺乏对雇主购买需求的深入理解，即便是一些正规运作的家政公司，也仅仅专注于拓展业务，在很大程度上忽略了对雇主购买意愿的认真研究，因而，其营销策略普遍显得简单粗糙，缺乏针对性。

近年来，中国政府越来越关注家政服务业的发展，从国家和地方政府层面相继出台了大量促进该行业发展、规范企业及职业行为的政策和措施。特别是2019年6月国务院办公厅发布的《关于促进家政服务业提质扩容的意见》，在更大程度上助推家政服务业体制、机制逐渐完善，城市家政服务"提质扩容"将会成为未来数年行业发展与市场规范的常态；2020年5月在《2020年国务院政府工作报告》中将"六稳""六保"作为确保国计民生重中之重的长远战略规划，将为中国家政服务业全面走向规模化、正规化、标准化运作提供强有力的保障，家政行业将迎来持续、稳定、健康、快速增长的势头。

然而，作为市场主体的家政服务企业由于缺乏有效的市场定位，服务人员培训仅仅是一些最基本的动作规范和常识性的知识，而不能针对性地满足雇主需求，损害雇主利益甚至更严重的事件时有发生。这使得雇主对企业失去信任，甚至从心理上出现对立，进而导致企业发展受阻，行业形象受损。

部分家政企业已经意识到，要想在这种混乱局面中突围，在不断增加服务项目扩大经营规模的同时，必须深入了解和探析雇主购买行为产生机制，致力于构建产品和服务的价值传输体系，为价值链各环节设计有效的管理和营销策略，使雇主获得有益且更加明显的价值感知，以提升主价值，进而形成企业核心竞争力。这就要求注重长远发展和品牌化运作的企业，不仅要关注雇主对服务质量、产品功能、产品价格、风险规避等实用价值的获得感，还必须关注雇主因购买和使用家政服务而获得的精神享受、社会认可、经验积累、体验效果，以及在此基础上形成的对企业、产品、品牌及服务的情感依赖等心理价值获得感，这也就构成了一个较完整的家政服务业雇主感知价值传输体系。

可见，仅仅靠提升知名度、扩大经营规模、增加服务内容等传统营销手段，并不能保证企业及其品牌基业长青。对于家政服务企业而言，至关重要的任务在于把握雇主购买行为的形成机制，深入研究其各方面因素对雇主购买行为的影响效应，从而有利于制定针对性更强、更具实施性和操作性的管理与营销策略。

同时，由于家政业在中国的迅速崛起，家政学也必将成为中、高等教育的新兴学科。而家政学的研究对象主要是家庭的生活规律，其研究目的是为家政服务和家庭管理实践提供理论依据（莫文斌，2016）。家政服务的内容包含雇主家庭及其生活的方方面面，服务目的是改善雇主的家庭生活质量（王琼，2019）。因而，家政雇主购买行为及心理的相关理论既是家政学体系的重要构成部分，也是构成家政营销学的重要基础理论。

据已有的研究表明，消费者行为的最终形成，是在购买行为倾向的基础上转化而来的，而购买行为倾向的直接诱因则是顾客感知价值。

基于以上分析，本书将深入研究家政服务感知价值的形成过程、内容及构成状况，以及企业如何通过重构雇主感知价值的传递机制，有效引导雇主购买行为倾向朝着有利于提升销售业绩并实现企业健康成长的方向发展。该研究将有利于丰富家政企业雇主关系管理理论，对家政学体系的构建和完善提供有益的探索，并为家政企业的营销策略提供新的理论支撑。

1.2 顾客感知价值与家政服务业的关系

根据以前学者研究并达成的较一致意见，顾客感知价值是指企业通过产品、服务为消费者带来的全部物质及心理方面的所得利益与消费者因获得以上利益而付出的货币成本、精力、体力及其他使用过程中产生的各种所失的权衡。

家政服务为雇主带来的所得利益包括改善生活环境、减轻家务劳动、专业的服务活动、提高生活质量、满足心理需求、节约时间、提升社会认可度等。而雇主因获得以上家政服务带来的利益，必然会支付一定量的货币，花费一定量的精力和体力去寻找满足自身需求的产品、品牌和服务，但也可能因为选择一个品牌而失去使用另一个更适合的品牌的机会，甚至会因为购买了某家政公司的服务给自身带来风险甚至损失。

因而，雇主在购买服务前，往往会权衡各方面的利弊。只有当雇主感知所得大于感知所失，即让渡价值大于零时，才有可能产生购买意愿，依据菲利普·科特勒（1997）的让渡价值理论，让渡价值越大，企业和品牌的竞争力越强，雇主的购买意愿越明显。可见，企业的营销策略应该建立在消费者对产品和服务的感知价值基础上，针对雇主价值需求，进而确定价值定位点。换句话说，雇主的价值需求点决定了企业产品或服务应该具备的功能。

所以，企业有必要深入探讨雇主感知价值的构成状况以及感知价值各组成部分的影响因素及其作用机理，才能有针对性地制定更有效的营销策略。本书认为，在消费者选择和购买不同产品或服务时，感知价值的组成不同，其对消费者购买行为倾向的影响效应也不同，而且其各构成部分之间必然存在一定的相互影响关系。所以，研究人员有必要找出感知价值各维度之间的影响效应和价值传递过程，探究针对不同产品和服务的价值传递链，最终找到针对不同产品和服务的消费者行为倾向的直接和间接影响因素，从而构建不同产品或服务的感知价值模型。

目前，中国的家政服务市场及行业总体发展势头良好，这种趋势在未来几年中还会得到进一步强化。然而，我们应该明白，这是任何一个处于成长期的行业都会出现的现象，并非家政行业所独有。随着《国务院办公厅关于促进家政服务业提质扩容的意见》的实施，在不久的将来，该行业的成熟期就会出现。这就是说，现在是一个满足市场需求量比应对市场竞争更容易引起企业营销者关注的时期，而下一阶段，市场竞争将越来越激烈，竞争点将会从对市场需求量的满足向对顾客价值需求的有效供给转变。届时，仅靠"提质扩容"将难以应对市场需求的发展和变化，理解未雨绸缪重要性的企业必然会思考如何迎接新的市场挑战。

处于行业成长期的家政企业最重要的竞争策略就是：在提高产品质量、保证满足基本市场需求的同时，积极开展市场再细分，而市场细分的直接目的就是实现目标市场再选择和市场再定位，其依据则是不同雇主群获得某种价值的强烈需求。在成长期之前，企业不是没有定位，而是因为市场需求增长的速度掩盖了竞争的激烈程度，企业来不及思考市场需求的差异性，因而，处于此阶段的绝大部分企业都向市场提供基本无差异的产品品种、规格或者服务，却忽略了雇主真正购买的是产品和服务为其带来的价值感受，而非产品和服务本身。然而，随着成长期的到来，消费者开始寻找更能满足自身个性化需求的产品和服务。因此，在提高质量的同时，企业不得不思考如何通过培育和发挥自身某方面的优势，以便更有效和更大程度地满足一部分消费者的价值需求。这部分企业从提供通用的无差异产品或服务的企业中脱颖而出，而这部分消费者则会成为其未来一段时间内的忠诚客户，这是由于竞争的结果极有可能导致少数企业对某一细分市场的垄断。此时，为了能很好地区别于其他同类企业，它脱颖而出的企业自然而然地会联想到品牌塑造，并将这种差异与品牌紧密结合起来，再将这种结合后的信息传递给市场，这些信息其实就是对消费者的"画像"，这些画像的内容要尽可能地包括消费者对自身心理、行为和价值观等方面的追求，这将在消费者及其他社会公众心目中形成一个较为固定的轮廓，这就是品牌形象，这种形象将会把具有相同或相似价值追求的消费者进行聚类，其聚类能力就是品牌的市场感召力。市场感召力是形成消费者购买行为倾向的内驱力，也是品牌生存和发展的基石。

因而，企业有必要考虑如何通过创造与消费者的价值追求相契合的感知价值，来进一步制定和选择以不同感知价值构成为核心，同时又能较好地适应不同行业或企业实际情况的营销模式。基于顾客感知价值构成状况的营销模式制定和选择过程如图 1-1 所示。

在图 1-1 中，顾客价值定位点的选择受到企业价值观、企业战略规划、企业经营能力的影响，进而影响企业营销决策的选择、执行和结果。在对消费者行为倾向分析结果的基础上，企业可以根据环境状况、行业发展生命周期阶段

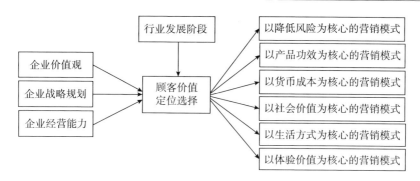

图 1-1　基于顾客感知价值的营销选择模式

及企业自身的价值追求、战略规划、经营能力等，选择顾客价值定位点，开展有针对性的营销及管理活动。对家政服务业而言，雇主价值定位点可以从雇主感知价值的关键需求点中找出家政服务应该包含的价值维度，并将其作为努力的方向和欲达成的目标。

因而，从顾客感知价值的角度研究家政服务业的管理及市场营销活动，可以为其营销模式及具体策略的选择提供有效且切合实际的理论依据。

1.3　家政服务雇主购买行为倾向

企业营销的目的是通过满足市场需求，进一步实现企业目标。这就需要家政企业把握雇主购买行为的形成规律，包含雇主为什么购买、如何购买、何时购买、在哪里购买、怎样支付、怎样挑选等全部决策过程。然而，雇主购买行为产生的前提首先要有购买意愿，也就是雇主有没有需求、有什么特殊需求、谁能更有效地满足他/她的需求，这就形成了雇主对价值大小的感知，进而影响到雇主是否愿意继续购买、溢价购买或者向亲友推荐，由此构成了雇主购买行为倾向的三个可观测的变量。

可见，雇主购买行为倾向是其形成购买行为的前奏。要使雇主最终产生对企业有利的购买行为，关键是要形成对企业有利的购买行为倾向，这就形成了

"产品及服务—价值感知—购买行为倾向—购买行为"的过程链。

基于此,本书立足于探究以雇主感知价值为基础的家政服务业购买行为倾向。通过构建家政服务业的雇主感知价值的内部结构,设计家政服务的价值传递过程模型,探寻家政服务雇主购买行为倾向的直接与间接影响因素和作用过程,进而为家政服务业的营销策略制定找到更具针对性和更适合的理论依据。

由于家政服务业的特殊性,雇主购买行为具有非常明显的情感因素影响特征,其对情感价值的感知不仅表现在对某个家政品牌和服务的依赖方面,更重要的是因为雇主在消费家政服务过程中明显受到其对家、家庭成员、家庭生活和雇主自身情感寄托的影响。特别是在中国逐步进入老龄化社会、全面放开三孩生育政策、工作和生活压力越来越大的现实背景下,情感价值的感知对雇主行为倾向的直接影响可能会更显著,而其他的感知价值维度以及感知价值影响因素最终都可能凝结成情感价值,并以情感价值为中介影响其购买行为倾向。也就是说,如果这一设想成立,那么企业营销策略的制定就有必要针对如何提升情感价值来展开。在 Woodall 和 Tory(2003)的研究中,情感价值(Emotional Value)被纳入心理价值(Psychological Value)的范畴。而本书将其提取出来,构成如图 1-2 所示的雇主购买行为倾向产生流程。

图 1-2 雇主购买行为倾向产生流程

从图 1-2 可见,雇主行为倾向的形成需要经历四个环节。其中,雇主行为倾向往往表现为三种形式:购买(或再购买)意愿,也就是是否愿意购买某品牌产品或服务;溢价意愿,也就是在涨价的情况下,是否愿意购买某品牌产品或服务;推荐意愿,即是否愿意向他人推荐某品牌产品或服务。企业应该从家政雇主的心理需求出发,以满足雇主的价值追求为切入点,开发满足其价值需求的价值传递模式,这有助于企业走出传统竞争的泥潭。

对于蓬勃发展但又纷繁复杂的中国家政服务业来讲,一方面,国家正在着力推动行业发展；另一方面，作为服务行业重要分支的家政服务业，其企业营销水平和营销能力的提升更是行业和产业得以健康发展的命脉。对于以情感关系作为企业与雇主间主要纽带的家政服务业来讲，必然受企业为雇主创造的感知价值的深刻影响，同时又将反作用于企业或品牌的感召力，进而为企业或品牌在雇主感知价值创造过程中提供源源不断的价值支持。

根据现代市场营销学的相关思想，可以把家政行业的营销管理、雇主感知价值、消费者购买行为倾向和品牌感召力的关系总结如图1-3所示。

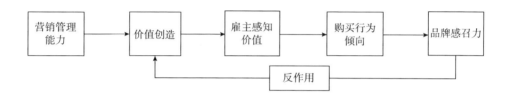

图1-3 雇主感知价值、行为倾向、营销管理水平和品牌感召力的关系

可见，有利于企业的消费者购买行为倾向，将有利于提升企业品牌感召力，良好的企业及其品牌感召力又有利于提升雇主感知价值，进而形成一个不断循环、互相促进的螺旋式上升系统。

因而，研究雇主购买行为倾向的影响因素及其形成机制，将有利于提升家政服务企业的整体营销和管理水平。

1.4 问题的提出

围绕目前家政服务企业快速扩容进程中普遍存在的"重数量轻质量、重形式轻内涵、重眼前利益轻长远发展"等问题，以及家政服务行业大量存在的服务同质化、价格竞争、形象缺乏差异化、品牌影响后劲乏力等现象，家政企业应如何构建满足雇主需求的感知价值创造理念、理论、方法模型，进而引导雇主购买行为倾向助力企业实现营销目标，本书提出以下拟解决的问题：①家政服务业雇主感知价值的形成机制是什么？②家政服务业雇主感知价值各构成维度如何影响购买行为倾向？③家政服务业雇主感知价值各维度间的关系及其价值传递过程是什么？④由于家政服务业就是对人及其家庭生活的活动，那么，人口统计变量及其不同群组对感知价值和购买行为倾向形成过程的影响状况如何？⑤根据家政雇主购买行为倾向的形成机制，可以为家政企业提供哪些有益的营销和管理启示？

1.5 研究意义

1.5.1 理论意义

将感知价值理论引入中国家政服务雇主行为倾向研究，有利于丰富中国家政学的雇主关系管理理论和消费行为理论，从而为中国家政服务业的雇主感知价值理论、购买行为理论、营销理论作出必要的补充。同时，构建家政服务雇主感知价值及其对行为倾向影响的理论模型，可以为制定家政企业营销策略提供较科学的理论依据。另外，如果实证分析结果显示雇主感知价值内部维度之间确实存在价值的传递关系，将有益于价值链理论的扩展。

1.5.2 现实意义

目前，家政学正在中国兴起，亟待构建理论体系，本书有利于丰富雇主购买行为理论。

同时，随着行业的规范化、提质扩容，竞争将变得越来越激烈，市场需求的个性化发展和家政服务项目的进一步扩展，要求企业营销管理及其服务对象的指向性更加明确和精准。因此，研究消费者的实际需求，探究其购买行为的形成机制，对企业制定营销策略提供针对性更强和更加有效的理论依据具有一定的现实意义。

随着家政市场的进一步成熟，雇主购买的已经不仅是家政服务本身，更是依托于服务的延伸效益，也就是除产品基本功能外的情感价值和社会价值等方面的感知效益。因而，以创造雇主感知价值为基础，探寻消费者购买行为倾向的形成过程，目的性更强、更直接，效果也更明显。

1.6 创新点

本书的创新点主要体现在以下三个方面：

1.6.1 对感知价值理论的扩展创新

虽然"感知价值"理论已经是一个较成熟的理论，多用于研究消费者购买心理和购买行为。但是，以往学者在研究感知价值理论对顾客购买行为的影响时，往往是将感知价值各维度作为一个整体来研究其对购买行为倾向的影响，主要考虑各维度之间的并列关系，极少发现有学者考虑各维度之间的价值传递关系。因而，即使验证了感知价值是购买行为倾向的关键影响因素，但并未完全明确到底是哪个感知价值构成要素起着关键性的作用，部分学者即使找出某个价值感知维度是购买行为倾向的关键影响因素，也未完全明确该维度的形成机制。正如前文阐述的功效价值是基础，影响着其他感知价值维度的形成，而情感价值是家政服务业雇主购买行为的直接诱因，除了受前因变量（如价格、风险、质量）的影响，必然还受到其他感知价值维度的影响（如社会价值、情感价值、生活方式价值、体验价值等），其他各维度间同样存在这样的影响关系，这就构成了一个非常复杂的感知价值传递链，可以将其称为"感知价值链"，甚至是一个错综复杂的"感知价值网"。

本书的创新就在于：首先在感知价值各维度之间构建了"感知价值链"模型；其次探讨其在家政服务业中的各种感知价值要素间的传递过程和影响效应；最后验证并找出该链条中对消费者购买行为倾向产生直接效应的影响因子。在本书的研究过程中，对能掌握的现有研究成果进行梳理时尚未发现与本书相同的观点。

1.6.2 对感知价值理论应用的创新

目前，将感知价值理论引入家政服务业的研究还很少。因而，本书的研究有助于丰富家政学的营销理论。同时，过去很多学者在应用感知价值理论研究顾客购买行为的过程中，要么是将个别感知价值维度（构成要素）剥离出来单独进行讨论，要么是将可能的感知价值维度"并联"起来形成一个整体，来讨论感知价值整体对消费者行为倾向的影响情况。本书则试图通过构建感知价值各维度间的相互关系，来明确各维度之间的价值传递过程，最终找出哪个维度是价值创造的起点和基础，哪个维度对消费者行为倾向产生最直接的影响，哪条路径是感知价值传递的关键路径，其目的是为感知价值理论在家政服务企业管理和营销活动中的应用提供更有价值的理论指导。

1.6.3 人口统计变量多群组分析的应用创新

从现有文献来看，针对家政服务业雇主购买行为的研究虽然考察了人口统计变量的因素，但主要集中于考察人口因素在购买习惯和偏好方面的分布状况，很少涉及同一人口统计变量的不同群组对感知价值各维度和购买行为倾向的影响差异，更少有学者研究同一人口统计变量的不同群组在感知价值形成主要路径和感知价值影响购买行为倾向关键路径上的调节效应的差异。由于家政服务业的特殊性，雇主及其家庭成员的人口统计特征必然会对这些维度和路径产生影响，因而本书一方面应用独立样本的 T 检验验证了主要人口统计变量不同群组对各变量的影响性差异，另一方面还检验了这些群组对各关键路径的调节效应的差异。从而更大程度地保证了研究结果的准确性和有效性，有利于为企业做出针对不同群组雇主的营销策略提供更有参考价值的建议。

1.7 预期成果

通过本书的研究，将取得以下预期成果：

（1）完成家政服务业雇主感知价值的影响因素分析，构建家政服务业雇主感知价值理论模型。

（2）完成家政服务业雇主感知价值构成分析，探究雇主感知价值传递过程，构建家政服务业雇主"感知价值链"模型，进而构建基于感知价值的家政服务业雇主购买行为倾向形成模型。

（3）丰富家政服务业雇主感知价值测量体系。

（4）完成人口统计变量不同群组对感知价值与购买行为倾向各主要形成路径的调节效度分析。

（5）丰富家政学体系中的雇主购买行为理论和研究方法，为家政服务企业营销策略的制定提供相应的理论支撑，总结相关启示。

1.8　研究内容和本书的结构安排

本书的研究旨在探寻家政雇主感知价值及其前因变量对购买行为倾向的影响，深入探究雇主感知价值的构成要素和价值在各构成要素间的传递路径，找出直接影响购买行为倾向的关键因素。因而，本书首先回顾了家政与家政业、顾客感知价值、顾客行为倾向的研究成果；其次分析了三者间的关联性，并应用实证研究方法去检验雇主感知价值内部各维度之间是否存在价值传递关系，以及感知价值及其前因变量对购买行为倾向会产生怎样的影响。

本书的主体框架由以下六章构成：

第1章绪论。主要阐述了本书主题的研究背景和意义，继而提出了主要的研究问题，在相关理论依据的支持下，阐述了本书可能的创新点，并预期了研究成果。

第2章文献综述。围绕绪论中所提出的研究问题，对与家政服务情感价值、购买行为倾向相关的知识和已经取得的研究成果进行全面的回顾，主要内容包含三个核心部分：①家政服务研究综述。回顾了家政及家政学的产生及其发展历程，以及家政研究的主要文献和理论，重点介绍了有关家政业及家政学相关理论的主要研究成果，并进行了相应评述。②顾客感知价值理论研究综述。在阐述顾客感知价值理论的基础上，回顾了关于该理论的相关研究成果，以及依据该理论展开的营销应用。③消费者购买行为倾向研究综述。回顾了消费者购买行为倾向的相关理论、研究方法与成果及其对制定营销策略的指导意义。最后通过对这三个方面的研究成果进行总结和融汇分析，提出了基于感知价值的家政服务雇主购买行为倾向形成的基本构想和研究方向，为后文的布局提供基本思路。

第3章理论基础与研究假设。本章根据文献综述对感知价值前因变量（包括服务质量、感知风险、购买价格等变量）与顾客感知价值的关系、前因变量与消费者购买行为倾向的关系、顾客感知价值与消费者购买行为的关系等相关理论进行了总结和分析，进而对家政服务雇主感知价值的前因变量、感知价值各维度（构成要素），以及雇主购买行为倾向之间的相互关系提出研究假设，并在此基础上构建了本书的理论框架模型。

第4章变量测量与数据收集设计。本章首先介绍了针对家政服务业雇主感知价值前因变量各维度、雇主感知价值各维度与购买行为倾向的测量方法与测量工具，以及目前比较成熟的量表，并在前人研究成果的基础上，结合家政服务业的实际情况，为每一个变量开发了测量量表；其次阐述了问卷设计思路与问卷开发的具体内容，进一步分析了本书的预试问卷与预调研数据收集与整理的方法，并对正式调研相关技术进行了说明；最后对正式数据分析的内容与方法进行了介绍。

第5章数据分析。首先，对数据的信效度进行了检验。其次，在对数据与维度的对应性进行整理和对人口统计特征进行描述性统计分析的基础上，分别对本书涉及的人口统计变量按群组分类进行各变量的影响差异性的独立样本 T 检验，此外，对雇主感知价值及其前因变量、行为倾向进行了 Pearson 相关性分析；通过结构方程模型的构建，对前因变量各维度、感知价值及其各维度以及购买行为倾向进行路径系数与载荷估计分析；在对结构方程模型进行修正和拟合的基础上，针对统计分析及结构方程路径关系的计算结果给出各变量之间的影响效应和拟合度较优的结构方程模型。最后，对同一人口统计变量的不同群组在各主要路径上的调节效应的差异性进行了验证和分析。

第6章研究结论与展望。第一，依据人口统计变量对前因变量、感知价值各变量和行为倾向的影响得出研究结论；第二，对经过结构方程检验的各项研究假设给出研究结论；第三，分析了研究过程中发现的不显著项和部分变量未通过信效度检验的可能原因；第四，总结研究过程中的一些新发现；第五，根据假设检验的结果及研究结论给出最终定型的理论模型；第六，总结本书的理论贡献，并提出对家政服务企业管理与营销活动的相关启示；第七，对研究过程中存在的不足进行总结，并提出进一步研究需要改进的地方；第八，对未来进一步深入研究提出展望。

1.9　本章小结

　　首先，本章阐述了中国家政服务业基本情况和发展趋势，分析了目前家政服务企业面临的机遇和挑战，明确了传统化、简单化的品牌运作模式已经无法适应环境的变化，尤其是"提质扩容"即将带来的行业变革，倒逼企业必须重新思考营销策略制定的问题，而学界在这方面的研究还处于比较滞后的状态。这就为本书的研究提供了很好的选题背景。其次，本书根据部分既往研究结论，说明了购买行为倾向产生的直接原因是顾客感知价值，进而对感知价值形成的影响因素及感知价值构成维度等的相关关系进行了系统讨论，并从家政服务业的特殊性提出相关研究问题，进一步阐明了本书的理论意义和现实价值，以及研究过程中可能的创新点。最后，搭建了本书的论证框架和行文结构，预期了可能的主要研究成果。

2　文献综述

本章将对以往学者的研究成果中与本书有关的观点、理论、方法等进行回顾和综合评述，以期从中发现对本书有益的启示。根据本书的研究对象和目的，本章将从家政服务与家政学、顾客感知价值、消费者购买行为三个层面展开文献综述。

2.1　家政服务研究文献综述

2.1.1　家政服务与家政学

家政服务是指从事家庭劳动社会化的个人或组织，为雇主提供家庭生活方便，并帮助雇主及其家庭改善生活质量而提供的服务性活动（王琼，2019）。家政服务业则是指专业从事家政服务的人员、服务机构及社区服务组织为人们提供诸如家庭教育、老孕幼照护、家务料理等相关劳务或指导工作所形成的专业性服务行业，家政服务业的出现催生了家政学。

而家政学是指通过对家庭生活规律的研究，为家庭劳务和管理实践提供理论支持的综合性学科，其目的是帮助雇主提高生活质量（莫文斌，2016），其研究内容涉及雇主的情感、文化、物质、社交生活等各个方面，其关注点是如何帮助雇主转变家庭观念，改善家庭关系，提高其管理家庭的能力（王琼，2019）。

随着家庭服务产业的发展，有学者根据服务要求的水平或级别，将家政服务的基本内容划分为六个层次，依次是一般家务、看护工作、家庭教育、家庭秘书、家庭安全员、陪伴管家，并将家政服务员细分为佣家型、智家型和管家型。其中，佣家型家政服务员为雇主提供家人和物资的护理、照看、料理等基础服务；智家型家政服务员提供理财投资、协助生产与经营、教育辅导、择业与就业指导、心理咨询、法律顾问、社交礼仪等涉及雇主家庭及成员成长和发展的相关服务；管家型家政服务则提供比智家型家政服务更高级别的服务内容。近年来，学者们甚至将与家庭生活、社区服务、康养结合起来，提出了"大家政"概念，并将服务项目扩展到与这三方面相关的所有内容。在中国，"大家政"产业已成为服务业的重要组成部分，市场前景更加广阔，其发展已引起各级政府高度关注，并被提升到关乎国计民生的战略地位。因此，对其开展深入和全面的研究具有重要的现实意义。

从家政服务业较成熟的国家和地区的经验来看，政府干预科学有效、产业发展规划目标明确、市场定位精准是家政服务业健康发展的关键。而他们的服务之所以能够赢得市场青睐，获得雇主或消费者的忠诚（正面的购买行为倾向），原因不外乎是其服务项目、人才培养、营销策略都紧紧围绕满足和迎合雇主价值需求为核心，培养并维持了雇主忠诚，从而激发雇主产生正向购买行为倾向。

2.1.2 西方国家家政服务业研究

凯瑟琳·比彻[①]（Catharine Beecher）是最早，也是最有建树的家政学家，她鼓励年轻女性接受文明教育，她倡导在烹饪、持家和抚育孩子方面接受科学原理的指导。

1862 年，仍处于农业社会时期的美国国会发布《摩利尔法案》[②]，引发了运用科学理论和技术训练来帮助农民妻子实现其在农村生活中的"管家"角色的思潮，该法案要求通过改革烹饪、清扫庭院、缝纫、洗衣、看护病人等方面的

---

① Catharine Beecher（1800~1878），美国教育家，曾在康涅狄格州哈德弗德、俄亥俄州辛辛那提主持女子学校，是美国西部妇女教育促进会的创办人之一。

② 1862 年，美国国会颁布了《摩利尔法案》（Morrill Act），目的是推动农业技术教育的发展，从而催生了"农民的妻子也要受教育"的思想。这为美国家政服务业的发展奠定了法理基础。

活动，并使之实现现代化。

艾伦·理查兹（Ellen Richards）[1] 强调，家庭生活的幸福和健康受到环境因素的重要影响，并倡导在大中学校开展家政经济学教育。1899 年，她与其他学者在世界上第一次召开家政会议，将 "Home Economics"（家政经济学）确定为家政学专用术语。1909 年，学者们成立了"家政经济学会"，随后，依柯华大学开设了"持家学"课程，麻省理工学院开办了家政系，西方由此开启了对家政服务的研究。如今，家政学已成为西方发达国家大学教育的热门学科。联合国教科文组织与国际家政学协会的一份调查报告显示，从世界范围来看，家政学已被 40% 以上的国家列为家庭教育、技能教育、基础教育和社会教育的必修课。

家政经济学（Home Economics）是现代微观经济学的分支，又被称为"家庭和消费者科学"，其研究内容包含社会、家庭及相关职业所涉及的经济学与管理学。加里·斯坦利·贝克尔（Gary Stanley Becker）[2] 是该领域革命性和划时代的学者，其理论被称为"新家政学"，在该理论中，加里·斯坦利·贝克尔（1998）引入时间成本和机会成本，他认为家庭经济活动不仅包含消费，同时还包含生产活动，这些生产活动的产出结果是某种形式的"满足"，因而，这些生产性活动都可以被认为是家庭为获得某种"满足"而必须付出的各种投入。他认为对于一个家庭而言，人力、物力和时间都是稀缺资源，因而，可以从"理性人"的角度来看，为了使这些资源的投入产出比最小，家庭活动的决策就必须对这些资源进行合理分配[3]。

西方国家学者对家政服务研究内容比较丰富，主要集中于家政定义、服务

---

① Ellen Richards 是"家政经济学"专业的重要代表人物之一。1909 年，他创立了美国家政协会（American Home Economics Association），并出任主席，该协会后更名为 American Association of Family and Consumer Sciences，*Journal of Home Economics* 是其创办的杂志，1994 年，该杂志更名为 *Journal of Family and Consumer Sciences*。

② Gary Stanley Becker，美国经济学家，因"将微观经济学的分析视野拓展到非市场经济领域的人类行为之中"获得巨大成就，于 1992 年获得诺贝尔经济学奖。西方经济学界把 Becker 的时间经济学和新消费论称为"贝克尔革命"。1981 年，哈佛大学出版了《家庭论》一书，并将其称为"Becker 关于家庭问题的划时代著作"，该书成为微观人口经济学的代表作。

③ 1965 年，加里·斯坦利·贝克尔在《时间分配理论》（*A Ttheor of the Allocation of Time*）一文中提出了与传统观念有很大不同的家庭经济行为选择理论，即"新家政学"。他提出，生育孩子是家庭经济生产的重要活动，其产品就是对孩子未来可能提供的服务。

内容及其标准化与规范化建设、学科建设与教育方法等方面。比较有代表性的学者及其研究成果包括：

Helen S. Farmer（1983）通过实证研究发现，从初中、高中阶段开始对学生进行家政教育，并帮助学生们学以致用，有助于学生将家政服务列为未来择业的方向之一。Sven Illeris（1989）发现，雇主对正规家政服务的倾向性选择的概率会受到无子女和单亲家庭数量的正向影响。但如果服务成本呈持续上升趋势，且服务效率并无显著提升，就会有越来越多的原属于正规家政企业的服务项目被非正规家政人员的工作取代，正规家政的就业率反而会下降。Williams 和 Windebank（2000）认为，收入较低的雇主购买非正规家政人员服务的比例远高于购买正规家政企业服务的比例，且随着人们的收入普遍提高，该比例还有可能进一步增加。Smethers J. Steven（1998）和 Jolliffe Lee（1999）两人均实证了作为当时先进科技的无线电技术有助于提高家政服务效率，促进市场增长，加快服务内容创新，改变行业发展方向（Johan J.，2000）。Terada Shinichi（2002）认为，创建家政服务平台是改善供求双方信息对称的有效途径，并能促进该行业朝着规范化方向发展。Elena Manas Alcon 等（2002）分析了西班牙1980~1997 年的家政服务的消费倾向，指出该业的发展受到家庭生命周期、妇女工作环境、家庭收入及个人资本拥有状况等的显著影响。Kristen Hill Maher（2003）提出，随着家政服务业发展，会形成拥有社会多样性的城郊社区，同时会增加社区公众和住户的安全隐忧，进而有可能促使这些社区出现越来越封闭的管理模式。

Anne Flipo 等（2007）运用结构模型分析得出的结论认为，在高收入家庭中，使用家政服务的概率与年龄和收入正相关；如果这些家庭中的妇女是高级白领，这一概率还会增加；但是孩子的数量和妇女的工作并不影响这一正向关系；如果这些家庭中的妇女为中层人员，通过降税手段也能有效刺激其购买正规企业的服务；如果这些家庭的男性是高级白领，其购买家政服务的概率则会下降。可见，人口统计因素对家政服务的需求和雇主行为倾向的影响是一个值得深入研究的问题，就中国实际情况而言，尤其如此。

Minna Halme 等（2006）考察了 200 多个家政服务项目，发现它们对环境、社会和经济的可持续发展都有促进作用，且对社会的促进作用最大，其结论为：家政服务最重要的目标是改善雇主生活质量，因此，家政服务企业为了获得更强的生存能力，必须使雇主获得社会价值的提升。

目前，西方国家关于家政服务的研究开始关注立法、人权、企业管理、人员培训、政府干预等方面的问题（屠亚丽，2018）。特别是近年来学者们更倾向于对家政含义拓展、智能家政开发以及未来家政发展等方面的研究（张路和张文静，2015）。

总的来说，西方国家现有家政业服务研究主要集中于经济意义、社会功能、影响因素、人力资源开发与储备。其结论主要体现在四个方面：①企业应该有针对性地提供专业或专门产品；②家政企业必须关注其服务对生活质量的改善效果，改善雇主的情感认知和社会价值；③不同家庭收入状况、家庭结构与家庭生命周期阶段、个人受教育程度等，对家政服务需求水平和规范化要求不同，进而影响到家政服务业的发展和经营状况；④家政服务内容将随着科技发展而改变。

这些成果对进一步研究家政业及其企业经营管理起到很好的理论支撑作用。但是，由于人口数量以及生活方式等因素的影响，家政服务业在绝大多数西方国家只是服务产业的微小分支，研究人员较少关注该行业经营管理和雇主购买行为等方面的问题。

2.1.3 中国家政服务业研究

中国学者对家政服务的研究基本沿袭了西方的研究内容和方向。不同的是，家政服务业发展的各个阶段、发展水平、发展背景在当今中国的不同地区、不同雇主群体中都能找到。一方面这种情况有利于学者开展时间序列和空间序列研究；另一方面很难找到一种普遍适应的理论或方法，需要因人、因时、因事、因地制宜展开研究和实施。

总体而言，中国家政服务业研究取得了非常丰硕的研究成果。具体情况反映在以下几个方面：

第一，家政服务业功能和社会意义方面。2010年以前，研究主要针对家政服务功能和社会意义展开。学者们普遍认为发展家政服务有利于吸纳剩余劳动力、增加就业机会、促进国民经济发展、提高居民生活水平、改善生活质量。

在此基础上，不同学者也有一些独自的认识，如邵腾（1997）、李玉成（2007）、刘萍萍和蒋培民（2009）、胡祖才等（2009）。

第二，家政服务业影响因素及发展趋势方面。家政服务业的现状、问题及对策是中国多数学者普遍关注的问题，学者们大多针对某一特定地区展开研究，且研究对象多集中在经济较发达城市。2010年以后，一大批专家分别针对不同城市和地域环境下影响家政服务业发展的因素、存在的问题，以及相应对策，进行了多角度和多层面的研究，如杨辉（2010）、杨秀玉（2011）、张保环等（2011）、李玉娟（2012）、东升和高长江（2012）等。

2019年以来，学者们的研究主要集中在"提质扩容"方面。张志东（2020a）以"提质扩容"为背景，分析了家政服务业信用体系建设的积极意义和存在问题，提出了推进家政服务业信用体系建设的对策建议（张志东，2020b）。

针对中国未来家政服务业的发展，魏霞（2020）提出，中国家政服务业应借鉴日本、菲律宾等国经验，并实现本土化发展。章友德（2020）提出，中国的家政服务需要被重新定义，同时要对传统家政企业进行研究咨询、品牌标准、教育培训、数据应用、投资与产业联动六个方面的赋能，而产学研结合正是达成这六方面赋能的核心（柳森，2020）。

第三，家政企业运营管理方面。企业经营管理的成败是决定政策落实与行业发展的关键环节。因而，学者们研究最多的还是家政企业运营管理问题。已有研究非常全面和深入，涉及家政企业经营模式、管理模式、人力资源、标准化建设等各个方面，并取得了丰硕的成果，为中国家政企业经营管理决策以及后来进一步研究提供了坚实的理论依据和案例支撑。

董丽娟（2003）、韩润明（2006）、孙学敏等（2010）、韩翠（2005）、刘芳（2006）、王敏（2010）、张欣（2011）等以具体企业为例讨论了家政企业的经营管理方法和模式。

王海燕等（2011）主张家政服务业需要公司化、标准化的运作模式。吴莹（2006）提出了家政公司需要完善的五个方面：全过程服务、跟踪监督、服务承诺和明码标价、形象定位与服务员归属感、内部管理与员工培训。孟静（2012）从家族企业角度给出了三条运营建议：专业人士提供服务、借助平台网站实现业务外包、借鉴国外成功经验。黄利文（2010）提出了家政服务人员培训应该引入校企合作。沈维贤（2013）建议构建多元化及多层次的服务人员培训体系，完善就业跟踪机制（沈维贤，2013）。陈芳和王滏越（2013）提出了家政企业服务要实现标准化，就需要构建标准化体系、开展标准化培训、参与标准化活动。张劲男（2015）认为，家政服务业要实现标准，需要国家、行业、地方和企业多方参与。王瑞辉（2014）认为，员工制必定是中国未来的家政服务业的主流。

第四，信息化及网络化策略的研究。目前，信息化和网络化运营是任何中国企业都绕不开的话题，家政服务企业必须做好准备。程雁（2016）提出，将家政企业及其服务内容集中到互联网平台上实现统一管理，可以对资源实现集中调配，降低成本，提高效率。傅彦生（2014）和任翠芳（2015）研究了家政业的O2O发展方向及其运作模式，并认为企业O2O不能仅仅被作为销售工具，更重要的是要将其用于树立品牌形象。王琼（2019）提出，通过大数据、人工智能和GPS定位技术，可以提高雇主与和服务人员匹配效率，还可以通过拓展平台数据库，开发培训和考核服务，从而提高雇主满意度。谢晓娟（2019）认为，家政O2O会随着人们生活水平的提高变得越来越不可或缺，同时，还会带来数以千万计的就业机会。李秋（2020）研究了通过互联网途径实现家政业规模化、专业化和规范化发展，进而推动"提质扩容"的有效性（李秋，2020）。

学者们普遍认同家政企业应该把握信息化、网络化发展趋势，但必须明确这只是一个宣传和拓展业务的渠道，真正要做出成绩必须扎实做好线下服务。同时还证实了家政服务的信息化和网络化发展将有助于提高雇主满意度。

第五，法律维权与行政干预方面的研究。由于家政服务的工作地点、时间、内容、对象的特殊性，其监管难度较大，如果发生矛盾的当事人法律意识淡薄，处理难度会很大。因而，学者们提出了应加强家政服务相关立法。胡川宁（2011）、周昭（2013）、赵越（2015）等均认为，要在依据非歧视、倾斜保护、人权普遍性等原则基础上，制定相应的家政服务劳动标准，确定家政从业人员的社会地位。祁建建（2019）认为，家政立法应该从雇主、企业、家政从业人员三方合法权益构建家政服务保障体系。针对近年来不断出现的家政公司违约现象、家政从业人员侵害雇主权利等，一些研究人员开始从法律、行业规范、员工制管理等角度展开针对性法律研究。

唐海秀（2011）和郭素娟（2014）提出，政府要加紧地方家政法规建设，理顺部门关系。荆文娜（2014）认为，要做大做强家政企业，就要避免仅仅靠政府"喂奶"。贺景霖（2014）认为，就家政行业而言，政府职能主要是推动人员素质提升和搭建信息化平台，同时，发展行业协会是不可忽视的问题。程雁（2016）和屠亚丽（2018）认为，政府责任重在调节，包括营造法制和产业环境、规范企业行为和市场准入资格、构建监管机制等方面。

事实上，随着政府对家政服务业的持续关注和监管，这些设想已经在北京、上海、广州、深圳等经济发达地区变成了现实，并将对其他地区产生示范作用。

第六，家政服务品牌建设方面的研究。近年来，全国范围内涌现出一大批知名家政品牌，这些品牌企业的服务在专业化、精细化、信誉度等方面都起到了很好的示范作用（孙学致和王丽颖，2020）。研究中国家政服务的学者、各级政府部门及具有一定发展眼光的家政服务企业都意识到做好家政服务品牌建设、开展品牌营销，对于企业自身及行业发展来说，具有至关重要甚至是决定性的意义。因而，家政服务业品牌建设研究已经成为近年来的重要课题。

杨瑚等（2010）运用SWOT分析工具从营销策略角度研究了中国家政服务业品牌建设的问题。他们提出，企业要通过提供标准的家政产品和具有优质服务能力的服务员，创造并深化用户的品牌价值感知。王雅祺和李磊（2013）认为，企业要选择适合自身实际情况的品牌定位策略。李爱萍（2016）提出，员工素质创新是家政企业品牌建设之本，应该把文化建设纳入家政品牌的中长期发展规划。于海洋（2019）认为，企业要实现品牌化发展，就应该通过对员工进行标准化培训，从而有利于提供专业化服务。柳森（2020）提出将上下游产业全部纳入家政产业范畴，为家政品牌内涵提供了新的建设思路。

第七，家政雇主心理与行为方面的研究。从雇主心理与行为方面的现有文献看，多数学者从不同视角对家政雇主满意度的影响因素、相应策略等作了一定的研究。

秦杰和李林红（2011）利用偏最小二乘法（PLS）、因子分析和回归分析对云南省家政服务雇主满意度进行分析，提出了如何制定家政服务质量标准和成为行业"领头羊"的建议。孔德财等（2015）构建了家政服务员与雇主均能得到最大满意的多目标优化模型，为实现家政服务人员与雇主的双边匹配决策问题提供了解决方法。孙铁军（2016）提出，政府、企业和行业合作，有利于培养良性、健康的家政服务生态环境。

部分研究人员则以顾客满意度指数模型（Customer Satisfaction Index，CSI）为理论基础，对家政雇主满意度进行了实证研究。例如，于小飞（2019）、吕德才（2018）、储跃星（2019）、熊唯（2017）、彭敏（2020）等分别以具体区域或家政企业为研究对象，研究了其雇主满意度的提升问题和相应策略。另外，苏海南（2020）提出，人口统计变量的差异对雇主消费需求存在不同的影响作用。

2.1.4 家政服务业研究小结

由文献综述可见，各国家政活动研究的历史久远，学者们的研究涉及产业意义和作用、存在的问题与现状、企业经营管理策略与运作模式、法律权利和经济关系等多个领域，视点和研究方向多种多样，研究成果丰硕，也为本书研究提供了丰富的理论依据和案例参考。

然而，对于多数国家来讲，家政服务业在整个国民经济中的地位并不显著，所以，针对家政企业经营管理和营销策略方面具体而深入的理论或实践研究相对缺乏，其研究重点主要集中于经济增长、产业发展、产业结构、人力资源开发与就业等相关理论，目的是为发展家政业的意义和作用提供理论支持。但对于中国而言，家政业将是一个非常庞大且事关全局的新的经济增长点，"十四五"时期就将达到 2 万亿元的市场需求，如果按照"大家政"的产业发展思路，未来将成为 10 万亿元级产业，必然成为事关国计民生的大产业。因而，对其进行深入研究具有更实际和重要的意义和价值。中国学者在承袭了国外研究框架和范畴的基础上，更多地集中于对国内家政企业经营现状的分析、家政业较成熟的国家或地区经验的总结。这些相关研究取得了一定的成果，为中国家政服务产业的发展提供了一定的参考和建议，为本书后续研究奠定了比较好的理论基础，为笔者提供了广阔的视野和前沿性的构想。

在针对家政服务企业的发展及其经营管理的研究中，大多数国内研究成果都是基于其他产业或其他服务业的研究框架形成的，虽然有一定借鉴意义，但对于具有明显特殊性的家政服务市场和消费者需求而言，由于现有的研究成果基本都停留在对宏观意义的粗略讨论上，即便是部分学者针对区域性的家政服务产业或企业品牌建设策略的研究也主要停留于政府政策与引导、企业意识等宏观理论层面，因而显得创新性不足，实践意义不明显，针对性不强，真正能落地的并不多。同时，学者们几乎都提及了中国家政服务企业要做到准确定位，才能有效提升品牌价值，但从目前的文献来看，针对中国家政企业品牌如何做到精准定位几乎没有做出进一步探讨。

本书认为，不论是企业经营管理策略、品牌定位，还是品牌建设，其依据都不能脱离消费者对价值的需求，以及由此引发的消费者购买行为模式。换句话说，消费者的价值需求决定了企业经营管理和营销决策的制定。对于家政服务企业而言，这一点尤为重要，也就是说，企业必须站在雇主角度，做好换位思考，然而现有研究大多忽略了这一关键问题。

2.2 顾客感知价值理论研究文献综述

顾客感知价值理论是企业顾客价值分析的理论基础，只有当顾客清楚地意识到其自身在购买和消费过程中的总获得与总付出的比较结果，才会为是否购买或向他人推荐作出决定，企业的营销决策也才有意义。因而，顾客感知价值及其产生机制、影响效果等已经成为顾客购买行为研究者关注的热点问题。目前，顾客感知价值理论已经是一个较成熟的理论，学者们的研究主要集中在明晰概念、性质说明和驱动因素探析等方面（郝向华和张理，2010）。

2.2.1 顾客感知价值概念与内涵

菲利普·科特勒最早提出顾客价值（Customer Perceived Value）的概念。伍德鲁夫（Woodruff，1997）和载瑟摩尔（Zeithaml，1988）将顾客价值规范为顾客感知价值，他们将其理解为顾客在购买和消费过程中，权衡感知所得和所失后的总体效用评价，如果该评价结果为正向效用，则表明对顾客而言获得产品或服务的总效益大于总付出，也就是说获得该产品或服务是值得的，因而具有一定价值。相反，如果该评价结果是负向效用或者评价结果为"0"，则表明该产品或服务对顾客而言就没有价值甚至总体看会给顾客带来损失，顾客就会放弃购买。从这个概念来看，顾客感知价值具有明显的主观性。

Anderson 等（1993）在伍德鲁夫（1997）等定义的基础上提出了以"竞争"为导向的比较感知价值理论，他们认为，感知价值为顾客在因购买获得的利益与为此付出的成本间相比较的"净利益"价值是可以用货币来表示的多维度概念，可以用公式"（ValueA-PriceA）／（ValueB-PriceB）"来表达。其中，"ValueA-PriceA"表示顾客购买 A 公司产品或服务获得的"净利益 A"，"ValueB-PriceB"表示顾客购买 B 公司产品或服务获得的"净利益 B"，比较的结果可以分析出顾客在面对 A、B 两个竞争品牌或产品时，将进行怎样的购买抉择。

Gale（1994）认为，顾客往往因为认知到产品存在一定价值而购买，所以顾客选择的产品或服务往往是他们认为所得利益与所付出的成本之比是最高的。因而，Gale 将顾客价值区分为感知质量（利益）和感知价格（成本）两个基本维度。在 Gale 看来，质量维度包括全部产品属性，进而促使顾客产生购买愿意；而成本维度包括顾客因购买和消费产品或服务所支付的全部货币成本以及可以被顾客感知到的其他付出，即感知成本。

菲利普·科特勒（1997）提出了顾客让渡价值的概念，并将其定义为总价值与总成本之差。其中，总价值包括顾客在购买和消费某一特定产品或服务时，从中获得的产品价值、服务价值、人员价值和形象价值等一系列利益；总成本是消费者在获得其所希望的商品和服务过程中需要耗费的各种费用与支出，以及因购买而产生的时间成本、精力/体力成本、机会成本等。

Ravald 和 Gronroos（1996）从关系营销角度提出"全情景价值"概念，对顾客价值理论进行了新的诠释：顾客在购买过程中除了考察产品功能和服务质量，还会权衡其自身与企业之间建立的相互关系。因而，企业要想获得消费者的信任和支持，就应该想办法创造其与消费者之间的关系价值，并为维系其与消费者的良好关系作出努力，这将有助于建立顾客忠诚度。可见，Ravald 和 Gronroos（1996）的观点是，一方面顾客感知价值应该包含更全面的价值维度，而关系价值的创造既可以维系客企长远关系，即顾客忠诚；另一方面有利于提升顾客对价值的感知效果。

从中国学者的研究来看，主要有以下几个具有代表性的观点：

白长虹等（2002）支持 Parasuraman（1997）的观点，认为顾客价值是消费者对所得质量与所付出价格相比较之结果的感知。

白长虹（2001）提出，顾客价值是指企业提供产品或服务中能被消费者感知到的相互作用的各种属性为其带来的增值利益。在他看来，顾客价值由很多价值要素组成，因而，对这些价值要素及其构成状况进行分析和评价可以了解顾客价值的正负和大小情况。

武永红和范秀成（2004）对顾客价值形成的应用情景作了详细分析，他们强调了顾客购买时的特定需求与意图，并将利益获得与成本付出的时空扩展到已经、正在或者将要，他们不仅强调了顾客的现实获得感和付出感，还强调了未来的获得和支付的可能性。

陈荣秋（2005）借鉴了 Zeithaml（1988）的定义，进一步提出了"产品服务价值"的概念，并将其定义为企业在提供产品和服务过程中传递的、能被顾客普遍感知、认可和接受的功能及效用。陈荣秋认为，顾客价值是从个体顾客考察的概念，只包含"产品服务价值"中能被顾客感知到的那一部分，但事实上企业并不可能掌握到每个顾客的感知价值。而"产品服务价值"则是群体性概念，代表的是顾客普遍关注的价值要素，这更容易被企业掌握。所以在他看来，企业要想获得顾客对品牌与产品的信任和支持，最有效的办法就是深入挖掘顾客普遍关注的价值维度。

李扣庆（2004）提出，企业可以让顾客参与到产品的设计和生产过程中，并让顾客为产品或服务提供咨询、建议，这有利于提升顾客的价值获得感。进而可以帮助顾客提高满意感和存在感，也有利于创造顾客忠诚。

上述学者都是从概念界定的角度来定义顾客价值。董大海等（1999）则从性价比角度提出顾客价值就是顾客在购买和使用产品过程中所得效用与所付出的成本之比，并将其公式概括为：$V = U/C$。在这个公式中，V 代表顾客价值，U 代表顾客所获得的效用，C 代表顾客为获得这些效用支付的成本。

2.2.2 顾客感知价值的影响因素和评价

要对顾客感知价值进行评价，首先就要把握其影响因素的构成状况及其影响效应，将有助于探寻顾客感知价值评价工具，并能据此设计相应的价值管理策略。

多数学者认为，通常情况下顾客感知价值的主要影响因素包括三个方面：市场竞争状况；企业或产品的品牌、形象、质量、美感；消费者的习惯与偏好、资产状况、所处环境条件、风险感知度等（邢顺福等，2007）。

Flint 等（1997）把对顾客感知价值具有刺激作用的环境因素称为触发项目（Trigger Event），具体包含环境、企业、顾客三个方面。其中，环境触发项目主要由宏观环境、顾客挑战、渠道商成员等因素构成；企业触发项目主要包括产品、服务、客企关系等；来自顾客的触发项目主要包括战略层事件、操作层事件、战术层事件，在顾客看来，触发项目与其自身目标相关，不同顾客需要有差异化的触发项目，其感知价值形式也会发生相应变化。

Woodall 和 Tony（2003）认为，影响顾客价值感知过程的可能因素主要来自市场、顾客、产品和消费过程四个方面。其中，市场因素包括竞争状况、实用性比较和感知资产比较；顾客因素包括经验、个人基本情况及价值观等；产品因素包括感知功效、感知付出和感知风险等；消费过程影响因素包括消费环境、所处消费周期的阶段等。

中国部分学者研究了顾客感知价值的驱动因素。杨龙和王永贵（2002）基于供应商视角，构建了"顾客价值驱动模型"，为企业通过创造顾客价值来提升顾客满意度提供了可资借鉴的理论框架。白长虹等（2002）研究了品牌对顾客感知价值的驱动机制，认为企业产品或品牌对顾客感知价值具有直接影响作用，品牌形象的优劣对于顾客感知风险具有调节意义。

综合上述学者的观点可以发现，顾客感知价值主要受到企业、产品、顾客、环境及消费过程等因素的影响或驱动。其中，企业和产品因素可以概括为产品效用、品牌形象、服务质量、价格高低等；顾客因素可以概括为个人基本情况、购买习惯与偏好、价值观、经验等；环境因素可以概括为宏观环境、行业环境、消费环境等；消费过程因素可以概括为购买活动与流程、消费感受与体验、客企关系、风险认知、所处消费周期阶段等。这将为顾客感知价值的测量提供理论依据。

2.2.3　顾客感知价值的构成要素与测量

多数学者认为，顾客感知价值构成要素包括顾客在价值评价时可能关注的各个构成项目。Fint 等（1997）和 Zeithaml（1988）提出，在确定顾客感知价值构成要素时，可以通过选择具有代表性的顾客组成焦点组，进而确定顾客购买时考虑的关键价值要素。

早期多数学者关于顾客感知价值的概念，实质上都是在探讨感知价值的测量问题。如 Jakson（1985）、Kotler（1994）、Morris（1994）、Higgins（1998）、Anderson 和 Narus（1998）等都是从顾客感知价值测量的角度来进行的定义。其中，Jakson（1985）认为，"价值" 实际上就是 "顾客价值"，也就是顾客感知价值，他提出价值是感知利益与感知价格之比，其中，感知价格不仅包括购买价格，还包括因获得和使用产品的其他费用，如运输、安装、订购及可能的损失等。这就从所失和所得两个方向界定了顾客感知价值的结构。之后的学者大多依此思路对顾客感知价值的衡量展开更深层次的研究。Morris（1994）提出，顾客价值是顾客感知到的质量与价格之间的函数关系。Kotler（1994）则提出顾客让渡价值就是总顾客价值和总顾客成本之差。实际上，顾客让渡价值是与前文中阐述的顾客价值、顾客感知价值相同的概念。

Woodall 和 Tony（2003）的研究使感知价值的测量更具操作性。他们列举了 18 个顾客关于感知价值的子概念，并将这些子价值概念分别归类到三个核心的价值范畴，其中包含：功效价值（Performance Value，具体包括物质价值、功能价值、实用价值、应用价值）；心理价值（Psychological Value，具体包括逻辑价值、认知价值、情感价值、审美价值、精神价值）；社会价值（Social Value，具体包括尊重价值、身份价值、形象价值、伦理价值、美德价值），另外，他们认为条件价值和占有价值同时兼具功效、心理、社会价值的属性。他们提出，这些子维度只考虑了利得部分，而没有考虑到利失因素。于是增加了经济价值（Economical Value）核心维度，用于衡量顾客的感知所失。这就形成了顾客感知价值的四个基本核心维度，即经济价值、功效价值、社会价值和心理价值。

还有学者提出"消费价值"概念，其内容涵盖五个价值维度：功能价值、社会价值、情感价值、认知价值、条件价值。一些学者讨论了文化价值、地区价值、消费价值等维度（邢顺福等，2007）。

通过文献梳理发现，学者们普遍认同在实际应用和测量感知价值时应针对不同产品或行业对其维度进行适当调整。本书认为，Woodall 和 Tony（2003）的研究虽然在顾客感知价值的测量方面具有一定的开创性，但是他们并没有穷举所有的可感知价值概念，同时，这些概念在实际应用和测量时不应该被囿于固定的维度，而应该针对不同行业或产品，将某一个或某几个概念从四个维度中抽离出来单独作为一个价值维度进行研究，更具有实际意义。因为不同产品或行业，甚至不同品牌的相同产品，其定位并不相同，其吸引顾客关注的点也不相同。因而，无论是三个维度、四个维度还是五个维度，都仅仅是对各种构成感知价值的相关概念按属性进行分类的结果而已，并不能作为测量感知价值时的固定维度。

本书的研究对象是具有明显国情特色、文化独特性的中国家政行业，其雇主感知价值的构成状况与其他行业也必然存在差异，其考察和分析的重点也应有所不同，同时，雇主感知价值的前因变量（也就是触发项目，或称之为驱动因素）也应有所区别。

2.2.4 顾客感知价值与营销管理的关系

在前文有关顾客价值构成的综述中，可以发现，学者们基本都认可感知价值是感知所得与感知所失的权衡，而感知所得包含了感知产品质量、感知服务质量及其他延伸利益。但本书的研究着眼点是关于家政服务业的雇主感知价值，家政服务企业提供的更多是无形产品，这就决定了消费者更关注的是其服务质量，也就是说，对服务质量的感知效果，就是引起雇主对家政服务业的价值感知的基础。

芬兰学者 Grönroos（1990）根据认知心理学构建了服务业的顾客感知质量模型，他将其称为全面感知质量，如图 2-1 所示。

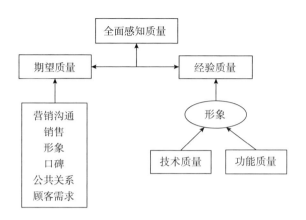

图 2-1　感知服务质量

资料来源：白长虹等（2002）。

　　Grönroos（1990）认为，任何服务型产品都同时兼具过程服务和结果服务（又叫产出服务）两种意义，因而，顾客获得的是对过程和结果的双重感知。她还把服务质量区分为两个组成部分：一是在消费者获得实质性服务后，对与生产结果相关的技术质量进行评价，这里顾客评价的对象是服务内容；二是顾客在经历服务过程中对相关功能质量（Functional Quality）的评价，此时，顾客评价的对象是服务形式。同时，她提出顾客实际感知到的技术和功能质量，会进一步形成企业或品牌形象，因此，品牌形象是技术和功能质量形成感知质量的中介变量。白长虹等（2002）认为，顾客的亲身体验会形成其对质量感知的主观性评价，在品牌形象的作用下，顾客形成其对该品牌服务质量的经验性认可，其中，既包含顾客亲自购买和使用后获得的价值认可，也包含向他人学习后获得的价值预期。只有当顾客将其购买前的价值预期与经验价值进行对照，才能得出令自己信服的全面感知质量。

　　白长虹等（2002）提出，顾客的购买目的并不全是获得产品或服务的基本功能，在很大程度上是希望通过品牌展示其身份、地位或与众不同的个性，进而获得内心所期望的社会利益和心理满足。由于服务产品缺乏承载顾客感知价值的实物载体，品牌的这种功能更直接和明显。由于品牌本身具有企业、产品、服务、形象等的全息功能，可以简化顾客辨识产品和服务的过程或难度，从而有助于降低顾客购买成本，帮助消费者获得感知利得，降低感知利失和风险，有利于提高顾客忠诚。

菲利浦·科特勒（1997）首次提出了"顾客让渡价值理论"（Customer Delivered Value Theory）。他将"顾客让渡价值"理解为顾客总价值（Total Customer Value）与顾客总成本（Total Customer Cost）之差，消费者总是选择让渡价值更大的产品或服务。因而，企业可以通过提升顾客总价值和（或）降低顾客总成本，达到增加顾客让渡价值的目的。由于顾客总价值由产品价值、服务价值、人员价值和形象价值构成，企业在保持产品价值和服务价值不变的前提下，提高人员价值和形象价值，如加强人员素质及专业化水平的培训，通过公共关系传播企业文化和其他相关信息、做好客户关系管理、改善客企间的理解度等方式可以提升顾客总价值。而顾客总成本由货币成本、精力成本、体力成本、时间成本、机会成本等构成，企业可以在保持产品价格不变的前提下，通过各种营销手段，帮助顾客节省购买时间，减少顾客选择产品时的精力和体力消耗，创造比竞争对手更高的价值减少顾客购后遗憾率的发生，从而达到降低顾客总成本的效果。

因而，企业应该通过开展积极的营销活动，建立良好的企业形象和品牌形象，努力提高品牌知名度和声誉，获得消费者和社会公众信赖，进而获得更好的口碑效应，在消费者经验价值和期望价值双重改善的基础上，实现顾客全面感知质量的提升。

根据以前学者提出的，顾客感知价值是感知质量和感知成本比较的结果，本章在 Gronroos（1990）顾客感知服务质量模型的基础上，结合菲利普·科特勒（1997）提出的总成本作为全面感知成本，并将其区分为"货币成本"和"非货币成本"，形成了服务业的顾客感知价值模型，如图 2-2 所示。

根据文献综述，本章将深入探讨家政服务业顾客感知价值各维度及其形成的影响因素，提供营销管理建议，并使其具有充分的理论基础。另外，在针对服务业品牌对顾客价值的影响的研究中，如 Gronroos（1990）和白长虹等（2002）提出服务的生产过程就是顾客消费服务产品的过程，同时也是顾客感知质量的形成过程，因而，服务质量就是顾客感知价值的决定因素，顾客也是在服务过程中体会到品牌的质量承诺，从而使顾客感知到品牌所带来的价值。

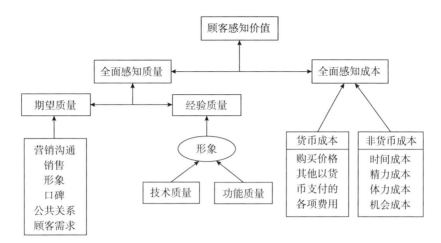

图 2-2 顾客感知价值的理论结构模型

资料来源：白长虹等（2002）和菲利普·科特勒（1997）。

因而，在本书中，雇主感知价值的前因激发变量只需要考虑感知服务质量、感知成本和感知风险，而不必将产品质量单独提取出来作为感知价值的前因变量。

2.3 消费者购买行为倾向研究文献综述

2.3.1 消费者购买行为倾向内涵研究

Fishbein 和 Ajzen（1975）提出，购买行为倾向是判断顾客未来可能采取何种具体行动最直接的变量。

Peter 和 Ison（1996）认为，消费者行为倾向是指顾客可能采取的某种行动意向，是连接顾客自身与未来行为的一种心理表述，主要表现为重购、溢价购买和推荐等行为意向。学者们普遍认可 Peter 和 Ison 的观点，其中，重复购买意愿指再次购买或选择的可能性，维持顾客的最重要途径就是要促成顾客重复购买；溢价购买则是指消费者是否愿意以超出正常价格来购买某产品，可以帮助企业减轻其受到消费者讨价还价的压力；向他人推荐的意愿是指消费者是否会向他人介绍或宣传其已经购买或消费的产品，以及其在宣传或介绍时是否传递正面的感受和作出正面的评价，这就是人们常讲的正向口碑，其作用远大于企业广告，这对于企业来说至关重要。

研究感知价值的目的，就是要通过创造顾客价值，引导顾客购买行为朝着对选择本企业产品或服务有利的方向发展。顾客购买行为是一个非常复杂的过程，受多方面因素的影响，而顾客感知价值引起的消费者行为变化并非就是最终的购买行为。但是，学者们认为，经过正确测量的行为倾向可以在很大程度上预测购买行为。因而，目前关于顾客感知价值与顾客行为之间关系的研究，主要使用"顾客行为倾向"（Behavioral Intention）来代替"顾客行为"（Behavior）作为研究因变量（Peter and Ison，1996）。

从已有文献来看，在早期关于顾客行为倾向的研究中，部分学者将质量和满意度作为顾客行为倾向的前因变量（邢顺福等，2007）。Cronin 和 Taylor（1992）等学者认为，满意度是影响购买行为倾向最重要的直接前因素。后来的很多学者实证了顾客感知价值才是消费者行为倾向的直接前因，当然，顾客满意也被看作影响价值感知的一个变量。一些学者将顾客价值、产品品质、满意度视为消费者行动倾向的直接诱因，检验其对各自行动倾向的影响度，Brady和 Cronin（2001）、Joseph Cronin 等（2000）则综合考虑了这些变量间的关系，将消费者行为倾向各种可能前因全部放入一个研究模型中，检验各个变量之间的统计关系。

2.3.2 购买行为倾向因素影响研究

王亚萍和向元芳（2015）发现，企业员工表现出来的友好态度、恰当与礼貌的行为及语言表达有助于激发顾客产生愉悦与快乐情感，进而可以在一定程度上促使顾客产生冲动性购买行为；虽然员工友善的肢体语言、面部表情、身体姿态等不能直接促成消费者的冲动性购买行为，但都有助于消费者产生愉快的情感表达，并进一步促使其冲动性购买行为倾向的产生。

张梦霞（2008）以国际教育服务业为例，验证了消费者行为理论的 VMBBI 模型，即"价值观（Values）—动机（Modivations）—行为倾向模型（Buying Behavoir Intent）"。她发现，在类似于留学服务这种复杂的交易过程中，消费者购买行为倾向的诱因比交易过程简单的服务业复杂很多，同时，行为障碍等调节因素使该模型参数与变量之间表现出非线性的相关关系。

董大海和金玉芳（2004）、杨毅和董大海（2007）将互联网环境下消费者行为倾向前因的研究归结为基于"科技接受模型""交易成本理论"和"质量—满意"三种基础理论的研究模式。他们认为，由于在针对顾客忠诚和购买行为倾向因变量的实证研究中，都是在限定了目前、下次或将来等时间概念的情况下，询问被试产生某种行为的可能性，因而，顾客忠诚近似等价于购买行为倾向中正面和积极的表达形式。

董大海等（2005）认为，顾客购买行为倾向反映的是企业过去的经营状况影响着顾客的未来选择的可能性。因而，学者们引入情感变量以改进 Choice-Based 方法（基于选择的结合分析模型），在设计了顾客购买行为倾向测量方法的基础上，提出了顾客心理份额的概念，以测度顾客在下次购买时继续选择该企业产品的可能性，并利用改进模型测度顾客心理份额，进而探索了顾客分类管理和市场预测的新思路。

大多数学者认为，人口统计变量对顾客购买行为倾向存在重要影响。其中，谢斯和米托（2004）认为，性别、年龄、种族、文化等对顾客购买行为倾向有决定性影响效应；黄季焜等（2006）证实了个人收入水平是影响城市居民购买行为倾向的重要因素。赵昶等（2008）认为，收入、职业、文化水平、居住城市等深刻影响女性消费者购买绿色农产品的行为倾向。以上学者的研究均证实了人口统计变量影响着顾客行为倾向的形成过程。但崔登峰和黎淑美（2018）指出，这些学者的研究忽略了同一变量中不同群体间可能存在的差异，研究结论有待得到进一步证实，因而，营销管理活动的市场细分决策可能存在不合理性，影响到目标市场选择的准确性。基于这一思考，他们在分析特色农产品顾客购买行为倾向的影响因素时，把性别、年龄、收入和文化程度等人口统计变量作为调节变量，并对其构建的结构方程模型主要路径进行了同一变量的多群组调节性分析，研究效果非常明显。

针对家政服务业而言，人口统计变量的影响作用可能更加显著，因而崔登峰和黎淑美（2018）的研究方法对本书的研究起到很好的启示作用。

2.3.3 顾客感知价值与行为倾向关系研究

Kashyap 和 Bojaniz（2000）明确提出，感知价值是消费者购买行为倾向最重要的影响和激发因素，并能最终引发购买行为。

成韵和刘勇（2013）以酒店业为对象，通过实证研究，明确了顾客感知价值会正向影响其购买行为倾向。张国政等（2017）在针对中国消费者购买行为倾向的研究中发现，其溢价购买的可能性明显受到感知价值的正向影响。

从文献综述来看，虽然基于感知价值的消费者购买行为倾向的研究已经取得了丰硕的成果。但无论是感知价值，还是购买行为倾向都有非常复杂和宽泛的内涵，影响因素根据研究对象的不同也会发生变化。因而，其研究的内容、视角、方法本身还存在非常广阔的研究空间和有待改进的地方：①现有研究更多是考虑感知价值对购后倾向性的影响，较少讨论顾客初次购买时的选择倾向性。②行为倾向要转化为购买行为，还受到各种刺激因素和制约条件的影响，如个人条件、文化因素、企业行为等。③虽然 Woodall 和 Tony（2003）、菲利普·科特勒（1994）等均分析了"货币成本与非货币成本"等一些影响因素，但主要考虑的是购前和购中产生的时间、精力、体力等非货币成本，学者们很少讨论如机会成本、购后纠纷处理造成时间、精力、体力等成本问题，因而也很少将其纳入理论模型进行研究。④很少有研究者将企业竞争和供求关系纳入研究范畴，而事实上，这两者对消费者行为倾向的影响也非常明显，但其影响机制目前还不是很清楚。⑤虽然董大海等（2005）不仅提出了顾客心理份额的概念，还提出了顾客购买行为倾向测量的改进方法，但因为消费者心理与行为之间的转化相当复杂，这一理论性测量方法的准确性还需要在实践中得到进一步检验。⑥即使崔登峰和黎淑美（2018）使用了针对人口统计变量的多群组结构方程研究法进行研究，具有更好的科学性和合理性，但对变量的选择需要针对不同产业或行业进行具体分析，特别是涉及个人隐私方面的数据准确性问题还需要进一步探讨。⑦对行业或产业所处的生命周期或发展阶段、地域及文化、实力等因素对顾客感知价值和消费者行为倾向的影响也很少有研究。⑧学者们普遍将顾客感知价值作为一个整体进行研究，很少对感知价值各构成部分（维度）之间的价值传递关系进行讨论，其结论也必然缺乏对直接影响因素和间接影响因素的判定，不利于营销和管理策略的制定。这些都是未来研究需要改善的方面。这些尚待解决的问题为本章的研究提供了重要方向。

本章的研究针对服务业中比较特殊的家政行业，但目前该行业客户感知价值的研究可资借鉴和可参考的文献还相对匮乏。因而，本章考虑将各种可能维度及其因素放入一个从前因变量到顾客感知价值，再到顾客消费行为倾向的三层次模型中进行综合分析，最终探明家政服务雇主购买行为倾向的形成机制，从而帮助企业选择适合自身实际情况的营销和管理策略。同时，由于家政服务对象的特殊性，涉及雇主及全部家庭成员的各个方面，因而人口统计变量及其不同群组对各变量的影响及对变量间关系的调节作用也是值得深入探讨的问题。

2.4 本章小结

本章对家政服务发展演进、顾客感知价值理论、顾客感知价值对顾客购买行为倾向影响等的研究分别进行了较详细的梳理与评价，并据此提出基于顾客感知价值理论的家政服务业雇主行为倾向研究的现实意义和主要内容。

家政服务相关研究文献的梳理，按照形成、发展、基础理论支撑到应用研究的顺序，分别对家政服务与家政学研究的现状与趋势进行了系统总结和述评；关于顾客感知价值的研究概述，是按照感知价值理论的提出、客户价值与客户感知价值的概念和内涵分析、形成感知价值的影响因素、客户感知价值的构成，以及顾客价值对其购买行为倾向的影响机制等方面的研究作为脉络。

结合上述两个方面研究成果的综述，本章指出由于雇主感知价值与购买行为之间存在的紧密相关关系，必然对营销模式及其策略选择产生影响，进而提出雇主选择家政服务企业或品牌是出于对某个或某几个感知价值的需求的满足，而这些价值需求是可以通过某些具体且可测量的行为表现出来的，如果能探寻到这些行为倾向的影响因素和形成机制，则能为家政服务企业营销模式及其策略选择找到依据，并能使之更加适合和有效。因此，本章对前人研究成果的回顾和总结，将为本书提供重要的理论支持。

3　理论基础与研究假设

本章将在文献综述的基础上，归纳总结出本书所依托的相关理论，进而将研究问题转变为可以通过相关方法和工具进行验证的研究假设，最终形成研究的理论框架，并对理论框架中涉及的变量进行概念操作化。

3.1　理论基础

本书的理论基础主要是顾客感知价值理论、消费者购买行为理论、家庭经济学相关理论，这些理论已经在本书的文献综述部分进行了详细介绍。接下来，进一步应用这些理论结合家政服务业的特点，对雇主感知价值及其前因变量和雇主购买行为倾向作进一步分析。

3.1.1　关于雇主感知价值前因变量的讨论

从文献梳理结果可以发现关于感知价值前因变量的两个代表性观点：

首先，Flint 等（1997）总结了顾客感知价值触发项目（Trigger Event）。他们认为，对不同顾客来说触发项目有所不同，因而其感知价值形式也会发生相应变化。

其次，Woodall 和 Tony（2003）指出，影响顾客感知价值形成的因素应该包括消费过程中产生的感知价格和感知风险等。

另外，结合 Gronroos（1990）、白长虹等（2002）的研究结论：针对服务行业而言，感知价值的前因变量主要考虑感知服务质量、感知成本和感知风险。

本章的研究对象是服务业中比较特殊的家政服务业，研究目的是分析得出对家政雇主感知价值的构成状况及其重要影响因素，进而分析雇主购买行为倾向的形成机制。对此，前述学者们的研究成果对本书的研究来说无疑是很重要的理论基础。

在综合已有研究成果的基础上，本书引起雇主感知价值的前因变量构成情况如图 3-1 所示。

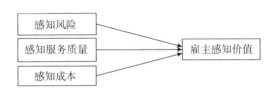

图 3-1　感知价值的前因变量

3.1.2　关于雇主感知价值的讨论

考虑到学者们普遍认可的，针对不同产品或行业，感知价值的维度应该作适当调整，也可以将 Woodall 和 Tony（2003）的研究成果中某一个或某几个价值概念从四个范畴中抽离出来单独作为一个感知价值维度进行研究，还可以根据不同行业或产品，增加适当且可能的影响因素，更具有实践意义。

因而，本章结合中国家政行业及其雇主的特点，着重从功效价值、社会价值、情感价值、体验价值、生活方式价值、经验价值六个维度对顾客感知价值进行考察和分析，其构成状况如图 3-2 所示。

图 3-2 中，功效价值是指家政服务雇主在购买和消费家政服务的过程中所获得的功能和效用的总称，在"整体产品观念"中，即产品的"核心层"，它是雇主购买产品后获得的实质部分。家政产品（或服务）必须具备满足雇主需求的核心功能和作用，雇主才有可能产生购买行为，也就是说，功效价值是雇主获得其他价值的前提条件。经验价值是指雇主在购买或使用家政服务过程

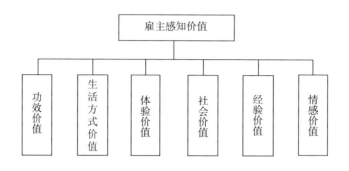

图 3-2　家政服务业雇主感知价值结构

中获得的相关知识或者知识积累，包括向他人学习、尝试后的自我总结等，掌握的知识越丰富，越有利于提升选择能力，并有以此作为向他人宣传和炫耀的资本，因而可以作为感知价值的组成部分，同时，经验价值还有可能成为社会价值和体验价值的形成基础。体验价值是指雇主对消费某项家政服务过程中获得的身心方面的舒适感，是雇主决定是否继续购买和使用的重要因素。社会价值是指雇主在购买和使用某公司、某品牌或某服务项目过程中获得的社会认可度、赞美度等，进而会影响到其是否继续购买的可能性。生活方式是指人们通常会把更多的时间、精力花费在一种比较稳定的生活模式，人们总是希望得到更好的生活享受和生活质量，因而生活方式价值也就是消费者因为购买或使用了某项服务，使其拥有更多的时间、精力，甚至金钱用于享受其理想中的生活状态。情感价值则是指雇主在消费某公司、某品牌服务的过程中，因为获得了舒适、愉悦、有趣等心情，情感价值有利于消费者产生对公司或品牌的情感性依赖，因而是形成顾客忠诚的重要因素。

3.1.3　关于雇主购买行为倾向影响因素的讨论

根据文献综述可以发现，Kashyap 和 Bojaniz（2000）、成韵和刘勇（2013）、张国政等（2017）从不同行业且都在一定程度上论证了顾客感知价值就是购买行为倾向的直接影响因素。

董大海等（2005）引入了情感变量并证实了情感价值（顾客心理份额）对消费者购买行为倾向的确存在直接的影响效应。也就意味着当顾客对企业或品牌产生了情感方面的信任或依赖感时（如快乐、兴趣、信任等），往往会引发顾客对企业或品牌产生正向的行为倾向，也就可能会考虑再次购买或溢价购买或推荐给他人购买。

崔登峰和黎淑美（2018）对认证农产品的顾客购买行为倾向的研究同样证实了情感价值对雇主购买行为具有显著的正向影响，虽然在功能价值、情感价值、社会价值、区域价值四个维度中，情感价值的影响效应最小，但这只能说明在认证农产品中存在这样的情况，对于其他产品而言，情况有可能不同。特别是针对服务业而言，由于缺乏实体产品作为核心产品的载体，雇主对企业和品牌的情感几乎就成为其选择行为的最重要依据之一。

本章认为，情感价值同样是家政服务业雇主行为倾向最直接的影响因素之一，而其他感知价值维度除了自身可能直接影响消费者行为倾向外，还会在形成并影响情感价值的基础上以情感价值作为中介变量，进一步影响行为倾向的产生。其理论过程如图 3-3 所示。

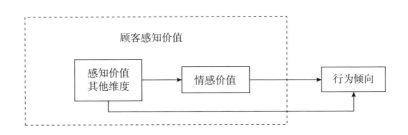

图 3-3 感知价值对行为倾向的影响

在图 3-3 中，感知价值的其他维度包括功效价值、经验价值、社会价值、体验价值和生活方式价值。

同时，由于以往学者的研究主要考虑消费者初次购买后的行为倾向，很少考虑初次购买前的行为倾向。本书认为，雇主的首次购买通常是因为对质量的感知、对价格的权衡、对风险的预估等因素引起的，所以在本书的研究中，感知价值的三个前因变量除了会直接影响感知价值的形成外，也可能会以感知价值为中介变量间接影响行为倾向，同时，也可能对雇主行为倾向产生直接影响。其理论过程如图 3-4 所示：

图 3-4 前因变量及感知价值对行为倾向的影响

在本章的研究中，雇主的感知价值包括经验价值、功效或功能价值、社会价值、体验价值、生活方式价值和情感价值。

3.2 前因变量影响感知价值的假设

根据理论基础各部分的讨论，本章分别针对前因变量各维度对感知价值的影响做出研究假设。

3.2.1 感知服务质量对感知价值影响的假设

从结果、过程、企业形象的角度来考察家政服务业的感知服务质量，是指雇主对家政企业或家政服务人员提供的各项产品或服务的主观质量评价。其中，服务过程涉及服务过程设计的完善性、服务信息的真实性和可靠性、服务方案的适合性、服务项目的实用性、员工对细节的关注度以及对雇主利益的保护性、服务员对待雇主的态度等；服务结果涉及服务员提供服务的及时性、对消费者所遇问题的解决程度、服务效果完美性、服务承诺的兑现程度等；企业形象应该涉及购买环境的舒适度、设施设备的专业化水平和现代化程度、品牌及 Logo 形象、口碑、员工的言谈举止等。

从前文对家政服务业感知价值各维度构成状况的分析来看，通常情况下，当顾客感知到的服务质量越高，其对该家政服务的功效认可度和理解度越高，因此认为该服务项目能为其带来更高的效用利益，即效用价值越大。同样，顾客感知到的服务质量越高，其获得的经验越丰富，社会认可度越大，体验后的舒适感越明显、生活质量的改善或享受感越明显、情感依赖度也会越强烈。

因而，对于家政服务业而言，可以认为当雇主感知到的家政企业或服务员服务质量越高，其内心获得的价值和利益也就越高，即感知价值就会越高。换句话说，家政服务业雇主感知到的服务质量对其感知价值有正向的影响作用，因而服务质量对感知价值的各个维度也具有正向相关的影响作用。据此，本书提出以下研究假设：

H1：雇主感知服务质量对感知价值具有显著的正向影响。

相应地，可以对感知价值各维度提出以下研究假设：

H1a：雇主感知服务质量对经验价值具有显著的正向影响。

H1b：雇主感知服务质量对功效价值具有显著的正向影响。

H1c：雇主感知服务质量对社会价值具有显著的正向影响。

H1d：雇主感知服务质量对情感价值具有显著的正向影响。

H1e：雇主感知服务质量对生活方式价值具有显著的正向影响。

H1f：雇主感知服务质量对体验价值具有显著的正向影响。

3.2.2 购买成本对感知价值影响的假设

购买成本通常指消费者为获得产品或服务的所有权或使用权而支付的货币成本。

Coase（1937）将交易成本（Transaction Costs）理解为：交易者为了促成交易必须支付的费用。Williamson（1975）将交易成本分为获得交易对象相关信息而产生的检索成本、信息交换所产生的信息成本、讨价还价产生的价格交涉成本、决策和签署合同过程中产生的决定成本、促使履行合同而产生的监督成本、未能履行合同时发生的违约成本。后来，Williamson 又将其分为交易前成本（为达成交易产生的谈判、签约、保障协议等）和交易后成本（为调整交易后的不适应现象所产生的各种费用）。Dahlman（1979）则根据活动内容，将交易成本分为信息检索成本、决策与协商成本、合同成本、执行成本、监督成本、转换成本。王崇等（2016）指出，在不同的交易活动中，交易成本的种类也往往不同。

从顾客感知价值的众多定义中可知，感知价值就是付出与所得之间的权衡，这里并不一定表示成本大于所得，也就是说，当消费者感知到的购买成本超过一定心理承受水平时，他们就会认为感知价值过低，这个交易就不值得或不必要，进而可能放弃购买。因而，从消费者角度来看，购买成本可以用"高"和"低"来进行评价。如果消费者感觉到购买成本过高，就有可能掩盖消费者对产品或服务的效用、经验、体验、社会、生活方式和情感等方面的价值感知，导致感知价值降低。也就是说，购买成本与顾客感知价值呈负相关影响关系。

黄颖华和黄福才（2007）在其对游客感知价值的研究中将感知成本分为感知货币成本和非货币成本。他们认为，货币支出构成了游客感知经济成本，即"感知货币价格"。Zeithaml（1998）认为，感知价格对感知价值具有直接、消极的影响；感知价格越高，感知价值越低。Sanchezetal 和 Javier（2006）发现，感知经济成本在购买决策阶段和购后很长一段时间都会影响购买者对企业和购买经历的总体评价。

从家政服务业的购买来看，其购买成本主要是购买价格所支付的货币成本，至于其他类别的交易成本，目前既无统一标准，也还很难衡量，因而本章依据 Zeithaml（1998）等的观点，以购买价格来进行评价。

为了进一步研究清楚家政服务业中感知购买价格与感知价值之间的关系，本书提出如下研究假设：

H2：感知购买价格对家政雇主感知价值具有显著的负向影响。

相应地，对感知价值各维度提出以下研究假设：

H2a：雇主感知价格对经验价值具有显著的负向影响。

H2b：雇主感知价格对功效价值具有显著的负向影响。

H2c：雇主感知价格对社会价值具有显著的负向影响。

H2d：雇主感知价格对情感价值具有显著的负向影响。

H2e：雇主感知价格对生活方式价值具有显著的负向影响。

H2f：雇主感知价格对体验价值具有显著的负向影响。

3.2.3 感知风险对感知价值影响的假设

Bauer（1960）最早研究顾客感知风险，他提出由于信息不对称，消费者也无法预期购买后会产生怎样的结果。这些风险类型包括消费者对产品和服务的购后满意度、企业和员工的守信度、预期目标达成度、意外损失可能性、企业和服务人员的专业化程度与其宣传的一致性等。Cox（1976）在 Bauer（1960）的基础上进一步提出，感知风险是由于顾客对购后结果的不确定性无法进行把控和预知而表现出来的紧张心理认知。

钟凯（2013）基于消费者购买前已经对购后风险有一定的认知，而将消费者的购买行为理解为对购后风险承担能力。也就是说，当消费者在将购后风险与其购买所得进行权衡的过程中，感觉到购后风险过大，超出其承受能力时，就会阻碍其购买行为的发生，他们就会理解为这个购买行为不值，事实上这也是感知风险在一定程度上掩盖了其对价值的感知。

总的来讲，消费者对购后风险的感知大小影响到其对价值的感知效果，进而影响了其购买行为发生的可能性。

对于家政服务业而言，由于购后结果会影响到家庭中的每一个成员及其生活的方方面面，因而雇主的风险意识可能会表现得更加明显，但至于其对雇主的感知价值及其各维度之间的影响关系和效应是否也如多数学者认为的呈负向影响关系，需要作进一步检验。针对以上问题，本书提出如下研究假设：

H3：雇主感知风险对感知价值具有显著的负向影响。

因此，对于感知风险对感知价值的各个维度的影响关系可以分别假设如下：

H3a：雇主感知风险对经验价值具有显著的负向影响。

H3b：雇主感知风险对功效价值具有显著的负向影响。

H3c：雇主感知风险对社会价值具有显著的负向影响。

H3d：雇主感知风险对情感价值具有显著的负向影响。

H3e：雇主感知风险对生活方式价值具有显著的负向影响。

H3f：雇主感知风险对体验价值具有显著的负向影响。

3.3 感知价值对雇主行为倾向影响的假设

依据文献综述中对感知价值与消费者行为倾向关系的研究成果，可以发现，学者们均一致认同感知价值对消费者行为倾向呈显著的正相关影响关系。为了验证该结论在家政服务业中是否成立，本书提出如下研究假设：

H4：雇主家政服务感知价值对其购买行为倾向具有显著的正向影响。

相应地，关于感知价值各维度对雇主购买行为倾向的影响，本书将进行以下六个方面内容的研究假设及相关分析。

3.3.1 经验价值对雇主行为倾向影响的假设

Sweeney 和 Soutar（2001）认为，感知经验价值是消费者购买和使用产品的经历，消费者对产品或非产品的相关印象或经验能够形成顾客价值。

董晓松和王成璋（2009）认为，经验价值为消费者提供了外在和内在价值，其中，外在经验价值为消费者在购买和使用产品过程中获得的实用价值；内在经验价值则是顾客在排除消费结果后，对所得服务经验的正向评价。Mathwick 等（2001）提出，经验价值具有主动与被动的性质。其中，主动经验价值是指绝大部分消费者对产品或经验的共同认知，而被动经验价值则是消费者对产品或经验的自我认知。

Karahanna 等（1999）的研究实证了经验与顾客能力呈正向相关关系，它能够调节消费者对企业和产品的态度变化，因而会影响其购买行为。李海英和林柳（2012）则验证了网络购物经验对感知价值与顾客态度关系的调节作用，并进一步探讨了交易经验（书中特指网络购物经验）能显著地调节功效价值与顾客满意度的关系。吴锦峰等（2016）在研究多渠道零售系统顾客采纳意愿的影响因素时，将购买经验引入其研究的理论模型，并确认了购买经验在顾客感知价值（节约、方便、娱乐、探索）与多渠道零售系统使用态度的关系上存在调节作用。虽然，Karahanna 等（1999）、李海英和林柳（2012）、吴锦峰等（2016）所指的经验就是购买次数，他们的逻辑是购买次数越多，消费者积累的经验就越丰富。但不管怎么说，学者们普遍认为感知经验会影响顾客购买行为的产生。

综合以上学者的研究成果，结合家政服务业的特点，本书认为家政服务消费者的购买经验（特指由购买次数积累的经验）在行为倾向形成的过程中具有调节作用，而因购买过程中获得的经验价值（特指随着购买次数积累起来的有利于消费者将来在购买或使用过程中获得更多利益感知的知识和能力）将对其购买行为倾向呈促进作用。故而，本书提出以下研究假设：

H4a：顾客对家政服务经验价值的感知对其购买行为倾向具有显著的正向影响。

3.3.2　功效价值对雇主行为倾向影响的假设

感知功效价值是指顾客从家政服务过程和结果中获得产品或服务的功能、效用的感知情况，它包含了家政服务为家庭及其成员带来的有关改善生活环境、提供基本家务劳动、提供更实用或更广泛的服务项目、满足个性化需求等。

由整体产品观念可知，家政服务的功能价值是其存在和发展的基础，更是雇主购买的基本利益所在，能帮助雇主实现享受独特、舒适、整洁、高品质服务、高品质生活的愿望。根据让渡价值理论，为实现其愿望，雇主更愿意购买高品质的家政服务。如果雇主对家政公司提供的高品质服务带来生活品质的改善等功能评价较高，雇主很容易产生向他人推荐的行为倾向，或者雇主自身也容易产生继续购买甚至溢价购买的意愿。因而，本书提出以下研究假设：

H4b：顾客对家政服务功效价值的感知对其购买行为倾向具有显著的正向影响。

3.3.3　社会价值对雇主行为倾向影响的假设

佩特里克（James Petrick，2002）在研究游船旅游的"声誉"时发现，旅游产品的声誉越高，游客感知价值越大。实证研究显示，社会价值对感知价值具有显著的增强效应。

林雅军和李蔚（2015）提出，人们往往将自己归属于具有相同或近似价值观、身份地位、行为偏好等的群体中。因而，群体成员会表现出相同或近似的行为倾向，而消费与该群体属性相符的产品或服务就会得到该群体内部成员认可，群体成员因此获得社会价值的满足。

如果顾客为了获得群体内成员甚至其他群体成员的赞誉、推崇，他们往往倾向于购买有助于展示其能力、地位和身份的产品或服务项目，进而获得更多来自社会的赞美、认可，并给他人留下好印象，以展示其社会地位和价值偏好。钟凯（2013）发现，顾客对社会价值的感知结果能影响其形成再次购买或介绍他人购买该产品的可能性。

本章所指的社会价值是雇主从购买和消费家政服务中获得的社会认可，以及获得自我形象的提升。在现代社会中，人们往往会追求个人形象、家庭形象、社会认可和被尊重、自身价值和成就的实现、获得社交承认和归属感、建立良好的社会关系和朋友关系。因而，本章认为，对于家政雇主而言，雇主会因为购买或消费与某群体属性相符的产品而得到群体中其他成员的认可，这就是社会价值，雇主也会因此产生情感依赖。同时，消费能力、消费方式等同样能带来其社会认可度的改变，进而影响其购买行为倾向的改变。前述学者普遍认为，两者的改变方向是一致的。据此，本书提出如下研究假设：

H4c：顾客对家政服务社会价值的感知对其购买行为倾向具有显著的正向影响。

3.3.4 情感价值对雇主行为倾向影响的假设

Kempf（1999）认为，多数享乐型服务的消费者是为了实现情感满足而购买。Taylor 和 Neslin（2005）指出，如果消费者在想到或提到某公司产品及其服务时能表现出正面情绪，说明顾客对其产生了可能购买的意愿。陈增祥和王海忠（2008）认为情感价值越高，消费者心情越好、越容易产生愉悦感，也越利于激发其产生积极和正面的"情绪联想"，由此产生的情感共鸣会激发其再次购买的行为倾向。

借用前述学者的定义，本书将家政服务业的情感价值理解为：雇主在消费家政产品或服务的经历中获得的愉悦与情感满足。本书认为，家政服务消费与旅游消费、特色农产品消费等在消费者心理过程、产品或服务的个性化需求等方面有某些近似的特征。

然而，对于具有非常明显的情感因素影响特征的家政服务业而言，其情感价值不仅表现在家政品牌和服务方面，更重要的是因为雇主在消费家政服务过程中产生的对家庭成员、家庭生活和雇主自身的情感寄托。所以，家政服务雇主的情感价值有其特殊性，特别是在中国逐步进入老龄化社会、全面放开三孩政策、工作和生活压力日趋增大的现实背景下更有特殊的研究意义。据此，本书提出以下研究假设：

　　H4d：雇主对家政服务的情感价值感知对其购买行为倾向具有显著的正向影响。

3.3.5　生活方式价值对雇主行为倾向影响的假设

　　Max Weber 首先使用了生活方式（Lifestyle）术语（Ahuvia 和阳翼，2005），Lazer（1963）最早在市场营销中引入生活方式，他认为生活方式反映了某一个细分市场的顾客群在生活方面表现出的相同或相似特征。Feldman 和 Thielbar（1971）指出，随着社会的变迁，以及人们的性别、年龄、收入、职业、宗教、社会阶层不同，生活方式表现也不相同。Solomon（1999）将生活方式简单地概括为生活中人们如何分配时间和金钱的基本模式。

　　Engel 等（1978）提出了 E. K. B 模式，并进一步研究了生活方式对消费者购买行为的影响。Cosmas（1982）发现，不同生活方式下的消费者，其购买模式也不同。Huddleston 和 Mahoney（1990）提出，不同消费者为了满足自身对某种生活方式的需求，往往购买不同的产品或服务。因而，Hawkins 等（2011）认为，消费者因购买或消费某一产品往往会维持其生活方式甚至使该生活方式得到进一步强化。可见，生活方式在个人消费决策中往往能产生重要的影响。

　　对于家政服务业而言，家务活动本身就是一种生活方式，反映的是人们对家务活动的习惯、偏好等行为模式，同时，如果雇主发现，对家政产品或服务的消费有利于满足其对某种生活方式的追求，这就有可能改变其原有的生活方式，或者使其原有的生活方式得到维持和进一步强化，这就是生活方式价值。对此，本书提出以下研究假设：

　　H4e：顾客对家政服务生活方式价值的感知对其购买行为倾向具有显著的正向影响。

3.3.6 体验价值对雇主行为倾向的假设

美国心理学家卡特（Travis Carter）和季洛维奇（Thomas Gilovich）认为，更容易使消费者产生满足感的是购买体验，而非产品本身（约瑟夫·派恩和詹姆斯·H. 吉尔摩，2012）。陆剑清（2020）认为，体验价值可以长久保留在消费者心中，因而，创造体验价值是留住顾客的重要手段。

体验价值与经验价值最大的不同在于：前者是消费者对产品和服务为顾客带来的身心方面的愉悦感和舒适感，后者是在购买和消费过程中获得的与产品相关的知识。

从一定意义上讲，家政服务业就是为满足人们对生活的舒适感和愉悦感的追求，对雇主而言，可以被认为是一种享乐型的消费。因而，雇主的体验结果对于其购买行为的持续可能性、推介可能性、溢价购买可能性必然产生重要影响。

家政服务的体验过程是人们满足其追求生活舒适感和愉悦感的过程，雇主一旦发现体验效果符合其期望，其情感依赖就会随之增强。

基于此，本书提出以下研究假设：

H4f：雇主对家政服务体验价值的感知对其购买行为倾向具有显著的正向影响。

H4g：家政雇主感知体验价值正向影响其感知情感价值。

3.4 前因变量对雇主行为倾向影响的假设

本章的前因变量包含家政消费者感知服务质量、感知成本、感知风险。从前文对已有研究成果梳理及相关论述可以看出：好的服务质量往往可以让雇主感知到企业的强实力、高专业化程度、良好服务态度等，有利于提升雇主对企业、产品和品牌的好感，促进雇主的购买、重购、溢价购买或者向亲友推荐的行为倾向。因而，本书提出以下研究假设：

H5：雇主感知服务质量对其家政服务购买行为倾向具有显著的正向影响。

本章中，以家政服务购买价格近似替代"购买成本"。从前文的分析可知，通常情况下，产品价格越高，顾客经过对感知付出与感知所得的权衡后，对价值的感知会相对减小，进而会阻碍其产生购买、重购或向亲友推荐的行为倾向。因而，本书提出以下研究假设：

H6：雇主感知价格高低对家政服务购买行为倾向具有显著的负向影响。

文献综述及理论基础中已经对感知风险作了明确界定，学者们基本认可其产生是因为顾客对企业、产品的购后结果的不确定性，进而引起顾客购买时的担心。不确定性越大，担心越多，消费者作出购买决策的难度也就越大，特别是当面对需求和不确定都很大的产品时，消费者就很难决策，处于两难境地。

对于家政服务业而言，雇主感知风险对其购买行为倾向也有可能产生相应的抑制作用。因此，本书提出以下研究假设：

H7：雇主的感知风险预期对其家政服务购买行为倾向具有显著的负向影响。

3.5　感知价值内部各维度之间的假设

以前的研究人员在分析购买行为倾向时，基本模式都是将感知价值看作一个由多项呈并列关系的价值维度构成的整体来考察其对购买行为倾向的影响。这种模式下的研究结果基本都证实了感知价值对购买行为倾向具有直接的正向影响效应，也能证实具体哪些价值维度对购买行为倾向有影响，还能通过回归分析计算各个维度的影响权重。

但是，这种模式并不能研究清楚到底哪些维度产生直接影响效应，哪些维度产生间接影响效应，哪些维度两种效应都能产生，因而不利于抓住营销和管理活动过程中的主要矛盾和切入点，营销和管理策略也可能解决不了实质问题，流于表面。

所以，本书认为，有必要弄清楚感知价值各维度间是否存在价值传递关系，如果存在，其价值的传递路径如何，进而从更深层次探究管理和营销的实质问题。

3.5.1 功效价值对其他价值维度的假设

在前文的分析中，结合"整体产品观念"，产品功效给消费者带来的价值感知部分是其他价值感知的基础，也就是说，如果离开功效价值，其他价值维度都是无本之木、无源之水，感知价值也就无从谈起。从产品功效的影响范围来看，顾客对功效价值感知越大，则越有利于对消费者在经验积累、体验感受、社会认可度、生活方式改善、情感满足等方面的提升。

因而，本书将功效价值作为其他感知价值维度产生的基础，并提出以下研究假设：

H8：雇主对家政服务的感知功效对其他感知价值维度具有正向影响。

相应地，对感知功效各维度做以下研究假设：

H8a：雇主感知功效对雇主感知社会价值具有显著的正向影响。

H8b：雇主感知功效对雇主感知情感价值具有显著的正向影响。

H8c：雇主感知功效对雇主生活方式价值具有显著的正向影响。

H8d：雇主感知功效对雇主感知体验价值具有显著的正向影响。

H8e：雇主感知功效对雇主感知经验价值具有显著的正向影响。

3.5.2 经验价值对体验价值和情感价值的假设

前文中已经介绍了 Karahanna 等（1999）、李海英和林柳（2012）、吴锦峰等（2016）关于购买经验在雇主感知价值对购买行为倾向的正向影响关系中存在显著的调节作用。

同时，前文也阐述了经验价值应该包括向他人学习的结果和自己在购买和使用过程中的知识与选择能力积累。由于对产品和服务的知识与选择能力积累越丰富，其对产品和服务的认知也就越清晰，越有利于消费者在购买和使用家政服务时提高社会认可度、获得情感满足、增强体验效果、改善生活方式。

由于家政服务行业是以服务产品为主，很少有实体产品，这种知识的积累更加重要。因而，本书认为，在家政行业中，购买经验不仅在功效价值与其他感知价值维度之间具有调节作用，还具有价值传递的中介作用，同样，经验价值也是功效价值与购买行为倾向之间具有调节作用的中介变量。

综合以上学者的研究成果，结合家政服务业的特点，提出以下研究假设：

H9：雇主经验价值对其他家政服务感知价值维度是具有显著的正向影响。

在此基础上，提出如下研究假设：

H9a：雇主经验价值对社会价值具有显著的正向影响。

H9b：雇主经验价值对情感价值具有显著的正向影响。

H9c：雇主经验价值对生活方式价值具有显著的正向影响。

H9d：雇主经验价值对体验价值具有显著的正向影响。

3.5.3 社会价值对生活方式价值和情感价值的假设

人们往往因为购买或消费产品过程中获得社会价值的满足，不但获得他人尊重与认可，而且对自身过去的努力和现状也感到满意，因而也有可能对企业、产品和服务产生情感方面的依赖，如把好的心情、愉悦、快乐等归结为因为购买了某公司的产品或服务；也可能会因为获得他人尊重与认可，而对自身现有的生活方式感到满足，因此会把生活方式调整到与社会价值需求相适应的状态。因而，本书针对家政消费者感知社会价值对生活方式价值和情感价值的影响提出如下研究假设：

H10：雇主社会价值对其他家政服务感知价值维度具有显著的正向影响。

在此基础上，提出如下研究假设：

H10a：雇主社会价值对情感价值具有显著的正向影响。

H10b：雇主社会价值对生活方式价值具有显著的正向影响。

3.5.4 体验价值对社会价值、生活方式价值和情感价值的假设

由于消费者经过购买或消费体验后，往往会形成身心舒适感的评价，这就是体验价值。体验价值越高，消费炫耀的资本也就越多，其得到社会认可的机会也就越多，心理满足感也就越大；反之，消费者就会感觉到丢面子，心理满足感也会下降。同样，生活方式也可能随着体验价值的感知发生变化，如果体验价值较高，消费者就有可能改变原有的生活方式，或者由于消费该产品和服务而直接形成新的生活方式；反之，由于感知体验价值不佳，消费者就有可能拒绝形成新的生活方式。最后，由于体验效果越好，消费者就越有可能对产品

和服务产生快乐和愉悦的心理依赖，相反，如果体验效果不佳，消费者就会因为不喜欢、反感甚至讨厌企业、品牌、产品，进而有可能出现拒绝购买的态度。

对于家政服务业而言，由于其服务对象涉及每一个家庭成员及其生活的很多方面，雇主对体验效果的要求会更高，而一旦获得较好的体验效果，雇主通常都不会轻易改变企业和品牌，因为那样做可能会承担很大的变更风险。因此，本书针对体验价值的影响效应提出如下研究假设：

H11：雇主体验价值对其他感知价值维度具有显著的正向影响。

在此基础上，提出如下研究假设：

H11a：雇主体验价值对情感价值具有显著的正向影响。

H11b：雇主体验价值对生活方式价值具有显著的正向影响。

H11c：雇主体验价值对社会价值具有显著的正向影响。

3.5.5 生活方式价值对情感价值的假设

由于消费者购买或消费某种产品或服务，使其生活方式需求得到一定程度的满足，消费者会产生满意感、愉悦感和快乐，进而对企业产生一定程度的情感共鸣与依赖。由此可以推断为消费者对生活方式价值感知的满意度增加，可以提高其情感价值；反之，可能降低消费者的情感价值。对于家政服务业而言，这种可能性也有可能存在。因而提出以下研究假设：

H12：雇主生活方式价值对情感价值具有显著的正向影响。

3.6 人口统计变量不同群组影响及调节作用的假设

从前文关于购买行为倾向影响因素的文献综述可知，大多数学者均认可人口统计变量对顾客购买行为倾向的形成过程及顾客感知价值各影响因素和构成因素存在显著的影响。同时，由于家政服务业的特殊性，人口统计变量的影响作用可能更加显著，因而，有必要深入分析人口统计变量对雇主购买行为倾向形成过程及相关因素的影响。另外，本书还将进一步研究与家政服务业可能有关的主要人口统计变量不同群组在家政服务感知价值及其前因变量和购买行为产生的调节作用和效应。据此，本书提出如下研究假设：

H13：不同人口统计变量对家政雇主感知价值各影响因素和构成维度及购买行为倾向均具有显著的影响。

H14：人口统计变量不同群组在家政服务雇主购买行为形成的各主要路径上的调节作用存在显著差异。

3.7　本章的理论框架

3.7.1　理论框架

为了方便研究，根据在上文中对基础理论的阐述，以及对各前因变量、参数及其各维度相关关系的假设，本章根据家政服务业的特殊性，构建以雇主购买行为倾向为因变量，雇主感知价值为自变量，服务质量、感知风险、购买价格（购买成本）为感知价值前因变量的多层次理论框架模型，如图3-5所示。

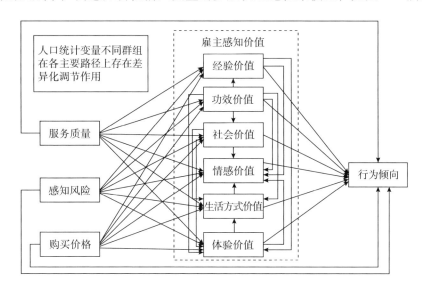

图3-5　基于雇主感知价值的行为倾向模型

资料来源：笔者根据文献综述结合家政服务业特点进行绘制。

在图3-5中，服务质量、购买价格、感知风险对感知价值各维度均有影响，并把感知价值各维度作为中介变量，进而影响行为倾向的形成。根据前文的阐述，家政服务感知价值中的经验价值、功效价值、社会价值、生活方式价值、体验价值五个维度均直接或间接影响情感价值维度，它们除了直接影响行为倾向的形成外，还以情感价值为中介变量，进而影响行为倾向的形成。在"整体产品观念"中，产品功能是核心产品层，因而功效价值在感知价值各维度中起着基础性作用，它除了可能直接影响情感价值的形成，还会通过直接或间接途径影响其他维度的形成，进而影响行为倾向。也就是说，其他感知价值维度都是以功效价值为基础发展起来的，当雇主对功效价值的感知达到一定的程度时，经验价值、体验价值、社会价值、生活方式价值、情感价值等才有可能产生。对于影响家庭生活各个方面的家政服务业而言，这种情况更加现实和明显。

3.7.2 家政服务业雇主感知价值概念操作化

为方便进行实证研究，能够对各变量维度的概念进行相关典型行为的测量，本章对理论模型中的各维度进行概念操作化。

首先依据本书理论框架，将家政服务雇主感知价值分解为六个感知价值维度，并将每个维度分解成可测量的典型行为，如图3-6所示。

本章将感知服务质量、购买价格和感知风险三个前因变量进一步分解成可进行测量的典型行为，如图3-7所示。

根据已有学者的研究成果可知，雇主购买行为倾向表现在三个方面：是否有重复购买的意向、是否愿意花费更多的费用去购买某品牌产品、是否会推荐亲友购买某产品进而可以绘制出如图3-8所示的雇主购买行为倾向概念操作化图。

经过对各变量进行概念操作化后，已经为本章奠定了对各变量进行测量的基础，这将在本书第5章中进行详细讨论。

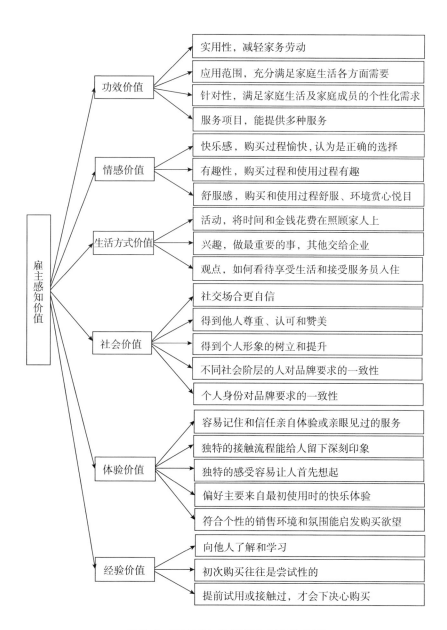

图3-6 顾客感知价值概念操作化模型

资料来源：笔者根据文献综述结合家政服务业特点进行绘制。

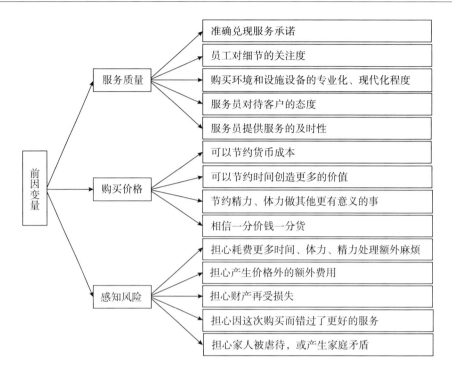

图3-7 感知价值前因变量的概念操作化

资料来源：笔者根据文献综述结合家政服务业特点进行绘制。

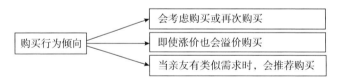

图3-8 购买行为倾向的概念操作化

资料来源：笔者根据文献综述结合家政服务业特点进行绘制。

3.8 本章小结

本章从家政服务业具体情况出发，首先讨论了研究的理论基础，其次提出了相关研究假设，最后形成了本章的理论架构，为后续研究工作的开展提供了理论依据和研究方向。

首先，理论基础包含：雇主感知价值前因变量的相关理论依据；感知价值构成状况及各维度在雇主感知价值形成过程中的影响作用的相关理论依据；雇主购买行为倾向的影响因素相关理论依据；家政服务业雇主感知价值及其前因变量影响购买行为倾向的相关理论依据；人口统计变量影响家政服务感知价值及其前因变量、购买行为倾向的相关理论依据；人口统计变量不同群组调节家政服务雇主购买行为倾向的形成过程各关键路径的差异性的相关理论依据。

其次，在理论基础分析的基础上，对本书所需要研究和解决的问题提出了相关研究假设，包括从各前因变量对感知价值及其各维度的影响作用提出了研究假设；从各前因变量对购买行为倾向的影响作用提出了研究假设；从感知价值各维度对购买行为倾向的影响作用提出了研究假设；从对感知价值各维度之间价值传递关系，即感知价值链的存在问题，提出了研究假设；从对人口统计变量不同群组对各变量的影响及在雇主行为倾向产生过程中各关键路径的调节效应上提出了研究假设。

最后，基于理论基础和研究假设，设计了本章的理论框架，并对各相关变量进行了概念操作化。

4 变量测量与数据收集设计

根据实证研究的基本流程，本章将在理论框架和概念操作化基础上，结合以往学者的研究成果和家政服务业特点，对理论框架中各变量的测量方法和题项进行设计，进而设计出调查问卷，并对数据收集与分析的方法和步骤进行规划。

4.1 前因变量测量设计

根据本书的理论框架与研究假设，前因变量由三个维度构成，分别是感知服务质量、感知成本和感知风险。基于此理论框架和相关研究假设，首先对前因变量的测量方法、测量依据、量表设计进行讨论。

4.1.1 雇主感知服务质量的测量

Parasuraman（1997）探讨了可以被消费者感知到的服务所包含的质量，开发了服务质量评价模型（SERVQUAL），该模型共包含 10 个可感知的服务质量属性维度。1988 年，他们进一步将这 10 个维度重新整理归纳并精简为 5 个维度，分别是有形性、可靠性、响应性、保证性和移情性。

部分学者在不同行业和产品的感知服务研究中验证了 SERVQUAL 模型的适用性，并对相关题项进行了适当修订。这些学者包括 Guiry 等（1992）、Wetzels

等（1995）、徐明和于君英（2001）、杨龙和王永贵（2002）、张新安和田澎（2005）等。总体来看，学者们大多支持该模型的有效性和维度划分的普适性（Babakus and Boller，1992；Brown and Swartz，1989）。因此，本书将借鉴 Parasuraman（1997）等关于感知服务质量的成熟量表，结合家政服务行业的基本特点，设计了5个雇主感知服务质量测量题项，用"fwzl"表示，其题项分别为 PS1、PS2、PS3、PS4、PS5，具体测量题项如表4-1所示。

表4-1　感知服务质量

变量	代码	测量题项	参考文献
感知服务质量	PS1	家政公司的服务承诺明确且应该能够得到准确兑现	Zeithaml 等（1985）
	PS2	从家政公司员工对细节的关注程度可以评价其服务质量	
	PS3	从家政公司的装饰装修、接待区的布置、设备的现代化程度等可以评价其服务质量	
	PS4	从家政公司员工的热情、礼貌和专业程度可以评价其服务质量	
	PS5	家政公司员工无论多忙都要尽可能提供及时、良好的服务	

资料来源：笔者根据文献综述结合家政服务业特点进行编制。

4.1.2　雇主感知成本的测量

对于家政服务业而言，雇主除了直接付出的货币成本外，还要花大量时间、精力、体力，用于收集大量信息深入了解企业和产品。但是，由于目前中国家政服务市场有效供给严重短缺，消费者并没有多大的比较和选择空间，这部分非货币成本对他们来讲并不敏感。其购买成本主要考虑因购买价格所支付的货币成本，因而本章以购买价格来作为感知成本的评价依据，并通过顾客对货币价格的敏感性来考察购买价格对感知价值和行为倾向的影响情况。

本章认为，绝大部分购买都无法回避价格因素的影响，因而，也会影响到消费者对经验价值、社会价值和体验价值的感知，同时也会直接或间接影响到雇主对情感价值的感知。对此，本章将购买价格（gmjg）作为前因变量之一，在量表中设计了两个观测变量，用"gmjg"，其题项分别为 PP1、PP2，并设计了如表4-2所示的量表。

表4-2　购买成本

变量	代码	测量题项	参考文献
购买成本	PP1	你认为目前使用的家政服务价格偏高	Strader 和 Shaw (1997)
	PP2	与其他家政公司相比，你觉得现在使用的家政服务价格偏高	

资料来源：笔者根据文献综述结合家政服务业特点进行编制。

4.1.3　感知风险的测量

消费者感知风险来源于结果的不确定性，由于家政服务过程与消费过程往往同时发生，消费者并不能事先知晓其结果，因而会面临如售后服务与预期不相符并缺乏有效保障、结果与承诺不相符、价格欺诈、隐私得不到保护的情况，也可能面临因企业不能满足需求但又不能退费、家人遭受虐待、财物丢失等问题引发诉讼，进而耗费大量时间和精力，甚至引发家庭关系不和睦等多方面不确定性带来的风险。这就产生了雇主感知风险。基于以上分析，本章在设计感知风险的测量项目时，参考了 Nena（2003）、Alok 等（2004）、Wood 等（2005）、钟凯（2013）等的测量量表，结合家政服务业的特点，从价格、性能、质量以及售后服务等方面对雇主感知风险进行分析，设计了 5 个测量题项，用"gzfx"表示，题项分别为 PR1、PR2、PR3、PR4 和 PR5，具体测量题项如表4-3所示。

表4-3　感知风险

变量	代码	测量题项	参考文献
感知风险	PR1	担心家政服务公司缺乏诚信，会花更多时间和精力去解决	Nena（2003）、Alok（2004）、Wood 和 Scheer（2005）、钟凯（2013）
	PR2	担心家政公司存在价格欺瞒的情况，产生额外费用	
	PR3	担心家庭财产遭受损失	
	PR4	担心签约并付款后才发现有更适合的家政公司	
	PR5	担心家人遭受虐待或造成家庭不和谐	

资料来源：笔者根据文献综述结合家政服务业特点进行编制。

4.2 感知价值的测量设计

关于本书第 3 章在理论框架及研究假设中设计的自变量，也就是雇主感知价值，由 6 个维度构成，分别是功效价值、经验价值、社会价值、情感价值、生活方式价值和体验价值。下面将对自变量的测量方法、测量依据、量表设计进行讨论。

4.2.1 功效价值的测量

本书的理论基础中已经界定了雇主感知功能价值是雇主从家政服务过程和结果中获得的感知效用，包含家政服务给家庭带来的健康、舒适的生活环境、质量、高性价比等内容。家政服务的高功能价值是其存在和发展的基础，更是雇主购买的基本利益所在，能帮助顾客实现享受独特舒适、整洁、高品质的服务，满足其对高品质生活的愿望。

本书将功效价值分为直接功效价值和间接功效价值。其中，直接功效是指家政服务产品为客户带来的直接效用，在参考菲利普·科特勒（1997）、杨晓燕和周懿瑾（2006）量表的基础上，共设计了 4 个直接功效题项，分别为 PVF1、PVF2、PVF3、PV4F。间接功效价值是指顾客在消费家政服务的过程中，感知到的获得服务后能为其带来成本节约（包含时间、精力和体力、货币等成本的节约）方面的感受，并能让顾客得到一分价钱一分货的真实感受。借鉴了 Sheth 等（1991）成熟的测量量表，结合家政服务的特点，共设计了 PC1、PC2、PC3、PC4 共 4 个简介功效价值的测量题项。

在设计测量题项时，用"gxjz"表示感知功效。由直接功效和间接功效构成的感知功效的具体测量题项如表 4-4 所示。

表 4-4　感知功效价值

变量	代码	测量题项	参考文献
功效价值	PVF1	购买家政服务，关键是能为我分担家务劳动	菲利普·科特勒（1997）、杨晓燕和周懿瑾（2006）、Sheth 等（1991）
	PVF2	家政服务公司可以帮助解决家庭生活的所有需要	
	PVF3	家政公司应该能根据顾客的个别需求提供服务	
	PVF4	家政公司应该能提供丰富、全面的服务项目	
	PC1	购买家政公司服务能为您节约金钱	
	PC2	购买家政公司服务能为您节约时间，让您有时间做自己的事	
	PC3	购买家政公司服务能为您和家人节省体力和精力	
	PC4	对于购买家政服务，您相信一分价钱一分货	

资料来源：笔者根据文献综述结合家政服务业特点进行编制。

4.2.2　感知社会价值的测量

本章的理论基础已阐述了现代社会中，人们往往会追求个人形象、家庭形象、社会认可和被尊重、自身价值和成就的实现、获得社交认可和归属感、建立良好社会关系和朋友关系。本章认为，对于雇主而言，家政服务的消费能力、消费方式等同样能带来其社会认可度的改变，进而影响其情感价值。因此，在参考 Petrizk（2002）及黄颖华和黄福才（2007）等的量表的基础上，共设计了 5 个社会价值的相关题项，社会价值用"shjz"表示，相关题项分别为 PVS1、PVS2、PVS3、PVS4、PVS5，如表 4-5 所示。

表 4-5　感知社会价值

变量	代码	测量题项	参考文献
社会价值	PVS1	选择家政服务品牌时，您会考虑是否有助于在社交场合中更自信	Petrizk（2002）、黄颖华和黄福才（2007）等
	PVS2	选择家政服务品牌时，您会考虑是否有助于赢得周围人更多的赞美	
	PVS3	选择家政服务品牌时，您会考虑是否有助于树立良好的个人形象	
	PVS4	不同社会阶层的人对家政品牌的要求不一样	
	PVS5	购买家政服务不但要关注服务本身，还要关注品牌是否与自己的身份一致	

资料来源：笔者根据文献综述结合家政服务业特点进行编制。

4.2.3 雇主感知情感价值的测量

本书第 3 章已经阐述了 Petrizk（2002）等对情感价值的观点，将其在本章研究中的意义理解为雇主从家政服务消费经历中获得的愉悦与情感满足（Kempf，1999）。同时，本章还提出情感价值一方面对家政服务雇主行为产生直接影响，同时还是其他感知价值维度对行为倾向影响的中介变量。并将家政服务业与旅游业、特色农产品行业等的顾客情感价值感知进行了对比分析，认为家政消费在一定程度上也属于享乐型消费，阐述了家政服务与这些行业在消费主体心理过程、产品或服务个性化需求等方面有着较近似的特征。

由此本章在对雇主感知价值测量题项进行设计时，借鉴了 Sweeney 和 Soutar（2001）、钟凯（2003）、杨晓燕和周懿瑾（2006）成熟的测量量表，结合家政服务的特点，对雇主情感价值维度设计了 PVE1、PVE2、PVE3、PVE4 4 个测量题项，情感价值用"qgjz"表示，具体测量题项如表 4-6 所示。

表 4-6　感知情感价值

变量	代码	测量题项	参考文献
情感价值	PVE1	您选择某家政公司，是因为它能让您感到很愉快	Sweeney 和 Soutar（2001）、钟凯（2003）、杨晓燕和周懿瑾（2006）
	PVE2	您选择某家政公司，是因为它能让您感到很有趣	
	PVE3	您选择某家政公司，是因为它能让您感到更舒服	
	PVE4	您感觉购买正在使用的家政服务品牌是正确的	

资料来源：笔者根据文献综述结合家政服务业特点进行编制。

4.2.4 感知生活方式价值的测量

李巍等（2010）在研究生活方式对信用卡市场细分的影响时，结合吴垠（2004）关于中国消费者生活方式的分群范式（CHINA-VALS）和 AIO 量表的研究结构，并选择了与消费行为相关性较强的维度，对生活方式进行了测量。

目前，关于生活方式的测量方法中，AIO 法运用最广，其测量项目包含活动（Activities）、兴趣（Interests）和观点（Opinions）三个维度。其中，活动是指人们对时间和金钱的使用方式；兴趣是指人们把生活中的什么事情看得更重要；观点是指人们对自身及其周围环境的看法。另外，还有一些需要考虑的基本特征，如年龄、收入、教育层次、居住地和家庭生命周期等（Plummer，1974）。

本章借鉴了 Solomon（1999）和 Wells 和 Tigert（1974）提出的特定产品生活方式 AIO 量表，结合家政服务特点，设计了雇主感知生活方式价值测量量表，用"shfs"表示，包含 4 个题项：PVM1、PVM2、PVM3、PVM4，如表 4-7 所示。

表 4-7　感知生活方式价值

变量	代码	测量题项	参考文献
生活方式价值	PVM1	照顾老人和孩子是您每天都要做的事	Solomon（1999）、Wells 等（1974）
	PVM2	家务活就要交给家政公司做，我应该做自己的事	
	PVM3	购买家政服务可以让您更好地享受生活	
	PVM4	家政服务人员入住您的家庭，您感觉生活不方便	

资料来源：笔者根据文献综述结合家政服务业特点进行编制。

4.2.5　感知体验价值的测量

本章在理论结构和研究假设中已经对体验价值进行了阐述，并强调了体验是包含了消费者对购买和使用产品过程中全身心的感受，其中包含快乐、愉悦、舒服、回忆和信任度等方面的感受。徐鹏（2009）把这些感受理解为最初体验、过程参与、性能与体验、使用经历四个方面的体验因素。

在参考徐鹏（2009）、Nirmala 和 Dewi（2011）、吴锦峰等（2016）等体验价值量表的基础上，结合家政服务特点，设计了 7 个测量题项，用"tyjz"表示，分别是 PE1、PE2、PE3、PE4、PE5、PE6、PE7，如表 4-8 所示。

表 4-8 体验价值

变量	代码	测量题项	参考文献
体验价值	PE1	亲自体验过的家政服务品牌往往容易被记住	徐鹏（2009）、Nirmala 和 Dewi（2011）、吴锦峰等（2016）
	PE2	消费家政服务时的独特感受，容易让人一需要就首先想到它	
	PE3	您要提前试用或接触过，才会下决心购买某家政品牌	
	PE4	您对家政品牌的偏好来自最初使用时的快乐体验	
	PE5	消费者能亲眼看着的家政服务，信任度比较高	
	PE6	独特的沟通与接触流程能给家政顾客留下深刻印象	
	PE7	符合您个性需求的销售环境和氛围能启发您对家政服务的购买欲望	

资料来源：笔者根据文献综述结合家政服务业特点进行编制。

4.2.6 经验价值的测量

文献综述部分和理论基础部分区分了以购买次数评价的购买经验和以知识与能力积累带来的经验价值，并说明了前者可以作为感知价值与行为倾向关系的调节变量，而本章认为购买次数并不能完全代表经验价值。本书的研究对象是家政服务这一较特殊的行业，其雇主获得的感知经验价值是否对其购买行为倾向产生影响，是一个值得探究的问题，这将有利于企业制定以行为细分为依据的营销策略。

针对本章中认为家政服务感知经验价值能直接影响行为倾向的产生，同时又是顾客功效对雇主购买行为倾向影响关系的中介变量的研究假设，在参考了Khalifa 和 Liu（2007）、Nirmala 和 Dewi（2011）、李海英和林柳（2012）和吴锦峰等（2016）等研究成果的基础上，设计出如表 4-9 所示的购买经验价值量表，其中用"jyjz"表示经验价值，设计了 4 个题项，分别是 PEJ1、PEJ2、PEJ2、PEJ4。

另外，在本章中，将购买次数设计为单选题，共 4 个选项：未曾购买、初次购买、购买 2 次、购买 3 次以上。一方面用以验证其对衡量被试的问卷是否有效；另一方面将其用在结构方程模型的多群组调节差异分析中，用以验证其作为感知价值及购买行为倾向产生过程中调节效应的差异性。

表 4-9   感知购买经验价值

变量	编码	测量题项	参考文献
经验价值	PEJ1	购买家政服务时，我会找其他人了解和学习经验	Khalifa 和 Liu（2007）、Nirmala 和 Dewi（2011）、吴锦峰等（2016）、李海英和林柳（2012）
	PEJ2	我第一次购买家政服务会尝试性地选择部分服务	
	PEJ3	不同社会阶层的人对家政品牌的要求不一样	
	PEJ4	我要提前试用或接触过，才会下决心购买某家政品牌	

资料来源：笔者根据文献综述结合家政服务业特点进行编制。

4.3   因变量的测量设计

本章最终要解决的是家政雇主购买行为倾向的形成机制问题，因而，需要进一步讨论其测量依据、测量方法和量表设计等问题。

李东进等（2009）在对 Fishbein 合理行为模型进行修正时，从行为态度、面子意识、群体一致性对中国消费者购买意向进行了探讨。Ajzen 等（1977）、Peter 和 Lson（1996）、崔登峰和黎淑美（2018）等均认为顾客购买行为主要表现为重购、对外推荐和溢价购买的可能性。

相较而言，Ajzen 等（1977）的量表更适用于家政服务业，因而本章主要在参考 Ajzen 等（1977）购买行为倾向量表的基础上，根据家政服务作了相应调整，共设计了三个题项，用"xwqx"表示，题项包括 PB1、PB2、PB3，如表 4-10 所示。

表 4-10   行为倾向

变量	代码	测量题项	参考文献
行为倾向	PB1	我会重复购买现在使用的家政品牌的服务	Ajzen 等（1977）、Peter 等（1996）、崔登峰和黎淑美（2018）
	PB2	即使价格适当上涨，我也会购买现在使用的家政品牌	
	PB3	我会把正在使用的家政服务品牌推荐给亲友	

资料来源：笔者根据文献综述结合家政服务业特点进行编制。

4.4 问卷设计

4.4.1 问卷设计思想

为了能够真实客观地反映本书关于家政雇主购买行为倾向的问题,问卷测量题项的设计围绕研究问题展开。本书以感知服务质量、感知购买成本及感知风险三个因素作为顾客感知价值的前因变量,探讨这三个因素对家政雇主感知价值各维度及购买行为倾向的影响,进一步研究家政雇主感知价值各维度对购买行为倾向的影响,并引入人口统计变量不同群组分析其对家政雇主感知价值与购买行为倾向各变量的影响及对各关键路径的调节效应。

根据本书已构建的研究模型,问卷调查应包括感知服务质量、购买价格、感知风险、感知价值和购买行为倾向 5 个一级变量。其中,感知价值包括经验价值、功效价值、社会价值、情感价值、生活方式价值和体验价值 6 个二级自变量。问卷内容包括说明、个人基本信息和正文三个主要部分。

在量表选择方面,尽量选用国内外学者通过实证研究检验过的成熟量表,但由于国内外学者在家政服务业购买行为方面的研究还很缺乏,因而,量表选择和题项的设计,是在结合家政服务基本特点的基础上,经过认真挑选后作出的。同时,由于人的行为和需求存在很大的复杂性和微妙性,为了提高变量间的辨识度,同时增加变异量,本书采用李克特 7 级量表对问卷中各变量的题项进行测量,语气由完全不同意到完全同意设置 7 个等级,对其相应赋予 1~7 分,分值越高,代表同意程度越高。

本章以家政服务为调查对象,为保证问卷填写质量,要求被调查者为曾经购买过家政服务的消费者。因而,问卷设计了个人基本资料,包括性别、年龄、学历、职业、月收入、购买次数等。

为保证数据的真实性,本书的问卷将参考以前研究人员的经验,使用测定文来测定问卷的填写质量。测定文中含有同义词和反义词,可以测定被调查者填写问卷时的认真度，如果在被调查对象的回答问卷中发现前后矛盾，那么此类回收问卷被确定为无效问卷，数据作删除处理，可以有效降低数据质量问题。反之，可以认定为有效回收问卷。在问卷题项的安排上，遵循先易后难的原则，从而使被调查者有兴趣完成问卷填写。另外，应控制测量问题的题目数，以降低被调查对象的反感情绪，被调查者填写问卷的平均时间最好不超过 15 分钟。

4.4.2　问卷开发

为了使问题易于理解，尽量避免题项表达含混不清，有利于提高问卷调查效果，问卷开发的过程及注意事项为：

选择已有成熟量表。在对国内外学者已有的与家政服务业相关、相近或有较强共通性的研究对象进行研究回顾的基础上，搜集与感知服务质量、购买价格、感知风险、感知价值（含 6 个二级变量）以及购买行为倾向等 10 个变量相关的成熟量表，并结合家政服务的特点，开发出符合本书需要的量表对上述变量进行测量，既可以减轻工作量大的压力，还可以保证量表的有效性和合理性。

小规模深度访谈。马庆国（2004）提出，问卷设计一定要通过小规模访谈来修改。为了保证测量题项的合理性、科学性、有效性，与相关专家学者、企业营销者以及有过家政服务购物经历的雇主进行深度访谈。采访目标包括检验变量选择的科学性，各变量之间是否存在一定的逻辑关系，项目对变量是否能有效测量，测量项目的意义是否模糊，或者是否会有影响被调查者理解的情况，以及测量题项是否存在重复的情况，请教专家学者及家政雇主，删除不合理的测定项目。根据深度访谈，确定测定项目数，改善提问的措辞，提高问卷内容的有效性。

形成初始问卷。本书参考了已有相关的成熟量表，由于中西方文化差异、语言的表达模式差异、同一术语含义的差异性、不同术语含义的相同或相近性都可能造成不方便被调查者理解的情况，致使多数量表无法直接使用。因此，在参考其他成熟量表的基础上，必须结合中国社会文化背景、语言习惯及家政行业基本特点，对量表进行修改和完善，并在与专家学者、家政企业以及家政雇主进行深度访谈的基础上，完成初始调查问卷的设计。

问卷预试。编制初始调查问卷后，为确保问卷质量，进行问卷的预试，在小范围内发放初始问卷，并对回收问卷的数据运用 SPSS 20.0 统计软件进行信度分析，删除不合理的测量题项，以保证问卷具有良好的信度，符合研究要求。

编制大样本问卷正式进行调查。根据预调查数据，删除不符合要求的测定项目，根据预测定结果和预调查对象的反馈信息，调整并改善问卷项目，最终形成适合大样本的正式问卷。

4.5　问卷预试设计

为了提高研究变量的可靠性和有效性，在正式研究的大规模问卷发放和数据收集前应进行问卷预调查。主要是通过问卷星平台将设计好的问卷，用微信对全国连锁家政服务企业"家佳洁"品牌的客户进行问卷调查，共收回 17 份有效问卷，同时在微信朋友圈中向有过家政服务购买经历的人员发放电子问卷 50 份，有效的问卷一共收回 30 份。对回收的问卷进行有效性筛选，利用 SPSS 20.0 统计软件对有效问卷数据进行可靠性分析，删除未满足要求的测量题项，从而使问卷信度得到明显提高，进而形成正式问卷。

4.6　正式数据收集与分析方法设计

本书的正式问卷发放包括人工分发和在线分发两种方式。其中，线上是通过 Credamo 的数据集市向中国内地主要的一二线城市进行发放，线下是通过电子问卷对微信朋友圈中大量具有一定消费能力的群进行发放。调查对象主要是有家政消费经历的雇主。为保证回收问卷的代表性，向不同年龄、职业、收入水平、教育层次以及不同家政服务使用经历的消费者发放问卷。

为了避免不同来源问卷在合并处理时可能产生的相关问题，正式调查问卷统一在问卷星上制作完成，导出链接后通过微信朋友圈分享到朋友群中。在 Credamo 上制作的问卷，则直接将在问卷星上下载的问卷 Word 文档原样复制粘贴上去，保证了不同数据来源的问卷内容和规则完全一致。在 Credamo 上发放问卷时，指定了家政服务业较繁荣的省市为样本来源地，同时设置了禁止同一样本重复填写，最后，再在回收的问卷中，根据 IP 地址和数据来源地进行认真比对，有效杜绝了同一样本多次填写的情况发生。

正式问卷回收后，进行问卷筛选，对无效问卷进行删除。删除无效问卷的依据包括：①观察问题选项的选择是否存在规律性，如被调查者对全部问题选择相同选项、连续 5 个以上问题均选择相同选项，或具有明显规律性的选择。②根据问卷设计时准备的检测语句，如果被调查者填写的问卷明显有多处前后矛盾的选择，则将其视为无效问卷。③问卷设计完成时间经过测试最短需要 300 秒完成，因此，首先删除 250 秒以下的问卷，对 300 秒左右填答完成的问卷进行仔细甄别，再决定去留。④没有家政服务购买经历的被调查者填写的问卷。

在本书的研究过程中，经过认真甄选，处理有问题的问卷，在删除的问卷中，有 108 份是被调查对象随意填写的，数据不能代表其真实想法。另外，没有购买过家政服务的人员填写了 36 份。共发出正式问卷 801 份，删除 144 份无效问卷后，得到有效问卷共 657 份，有效问卷回收率为 82%，基本满足有效问卷数量的设计要求。

4.7　数据分析方法

为了对回收的正式问卷得到的数据进行数据分析并验证研究假设，采用了相应的统计方法。

（1）描述性统计分析。主要是对正式问卷中个人基本信息进行统计分析，包括性别、年龄、学历、职业、月平均收入、家政消费次数、家务活动频率、家庭构成状况、对家政服务项目的需求、对家政服务品质的评价等，分析各变量的样本数、百分比、平均值和标准偏差等，展示整个样本的分布状况，并确定样本的代表性。

（2）可靠性分析。主要是根据内部一致指标检验测量表。调查对象在调查问卷中回答同一指标的问题时，回答应该相近。如果回答存在不一致的情况，说明测定项目的设计不合理，可靠性低。检查内部整合性时采用 Cronbach's α 系数值法，当 Cronbach's α 系数在 0.7 以上时，说明量表可靠性高。当 Cronbach's α 系数在 0.5~0.7 时，信度水平一般，但可以接受，当 Cronbach's α 系数小于 0.5 时，则认为量表的信度水平过低，未达到进一步分析和研究的要求，应该删除部分测量题项或重新开发测量量表。

（3）有效性分析。即效度检验，通过计算 KMO 测度以及 Bartlett 球值来进行考察，当这两个指标满足继续研究的要求时，经过提取共同因子来计算因子载荷系数，量表效度满足要求时才能进一步研究。运用 AMOS 结构方程软件进行验证因子分析，验证模型的拟合性并进一步对量表结构效度进行检验。

（4）相关分析。本书应用 Pearson 相关系数法，对变量间的关系进行描述，并了解其线性关系的方向和程度。验证内容包含：分析感知服务质量、购买成本和感知风险与消费者感知价值之间的相关程度；分析这三个前因变量与消费者购买行为倾向之间的相关程度；分析家政服务消费者感知价值与购买行为倾向之间的相关程度。

（5）结构方程模型分析。结构方程模型是行为和社会领域量化研究的重要统计方法，将传统多变量统计分析中的元素分析和线性模型之间回归分析的统计技术相结合，对各种因果关系进行模型辨识、估计和验证。本书使用结构方程模型进行验证因子分析，验证理论模型的有效性，并对假设模型进行了拟合，进一步对模型进行修正和适当优化，使模型协方差与样本数据协方差达到差异最小，进而找出最佳路径、最佳模型方差。最后为确定基于雇主感知价值的家政服务业消费者行为倾向的形成奠定理论和实践基础。

4.8　本章小结

首先，本章介绍了本书的学术构思与研究思路，并拟定了研究需要解决的关键技术，从而为本书的研究确定了出发点和归宿点，并规划了技术路线。

其次，阐述了家政服务业顾客感知价值与顾客行为倾向关系的变量测量和数据分析方法、流程和目标。经过对需要测量的具体变量进行设计，进一步提出问卷设计的基本原则并设计出有效的调查问卷，同时规划出数据收集和整理的具体方法，进而设计出具体的数据分析方法。

数据收集的内容包括需要测量的所有变量，具体包括前因变量（感知服务质量、购买价格、感知风险）、感知价值维度（功效价值、经验价值、社会价值、情感价值、生活方式价值、体验价值）、因变量（购买行为倾向）、调节变量（人口统计变量不同群组）。

问卷的设计包括预试问卷设计、预调研和正式问卷确定三个阶段。根据相关文献及家政服务行业基本特点，设计出初始问卷，进行预调研，进而对问卷进行调整和修正，从而进行正式的大规模调研。

最后，根据家政行业的具体特点，设计了数据分析的具体方法。主要在各变量统计分析、问卷信度和效度阶段、相关性分析使用 SPSS 20.0 作为统计工具来进行分析。针对变量间价值传递路径，考虑用结构方程 AMOS 23.0 软件进行结构效度分析。从而保证了数据分析既能充分展现各自变量之间及其与因变量间的关系，又能保证变量间因果关系能够得到更充分的展示。

5 数据分析

本书的数据分析包括三个部分：第一部分，对预调查回收的数据进行可靠性分析，删除校正项总计相关性（CITC）小于0.3的题项，提升Cronbach's α值，再根据预测试过程中获得的反馈意见对题项表述不太清楚或有歧义的部分进行调整后，形成正式问卷。第二部分，对有效正式问卷数据进行信效度分析，删除不适合做进一步分析的题项和数据，调整题项与变量的对应关系，再次进行信效度检验。第三部分，首先在对人口变量进行描述性分析的基础上进行不同群组对变量影响的均值比较；其次检验各变量之间的相关性，进而构建结构方程模型，并优化模型和给出模型解释；最后分析人口统计变量不同群组对优化后的结构方程模型关键路径调节效应的差异性。

5.1 预试问卷信度分析

信度分析的目的是研究家政服务雇主对量表题项回答的准确性、可靠性。本章中针对预试问卷的分析依据是：

第一，如果Cronbach's α系数值小于0.5，表示样本数据信度不适合做进一步研究；如果该值介于0.5~0.7，表示样本数据信度可接受；如果该值介于0.7~0.8，表示样本数据信度较好；如果该值大于0.8，表示样本数据信度高。后三种情况均可做进一步研究（Eisinga R. et al.，2013）。

第二，如果 CITC 值低于 0.3，可考虑删除该题项（周俊，2017）。

第三，如果"题项已删除的 α 系数"值明显高于 α 系数，此时可考虑对该题项进行删除后重新分析。

针对预测试中收回的 47 份问卷进行样本数据的信度检验。检验结果如表 5-1 所示。

表 5-1　预测试问卷样本数据信度检验

名称	校正项总计相关性（CITC）	题项已删除的 α 系数	Cronbach's α 系数
感知服务质量			
PS1　家政公司的服务承诺明确且应该能够得到准确兑现	0.344	0.929	
PS2　从家政公司员工对细节的关注程度可以评价其服务质量	0.488	0.928	
PS3　从家政公司的装饰装修、接待区的布置、设备的现代化程度等可以评价其服务质量	0.647	0.926	
PS4　从家政公司员工的热情、礼貌和专业程度可以评价其服务质量	0.644	0.927	
PS5　家政公司员工无论多忙都要尽可能提供及时、良好的服务	0.390	0.929	
购买价格			
PP1　你认为目前使用的家政服务价格偏高	0.177	0.930	
PP2　与其他家政公司相比，你觉得现在使用的家政服务价格偏高	−0.140	0.931	0.929
感知风险			
PR1　担心家政服务公司缺乏诚信，会花更多时间和精力去解决	0.401	0.928	
PR2　担心家政公司存在价格欺瞒的情况，产生额外费用	0.365	0.929	
PR3　担心家庭财产遭受损失	0.322	0.929	
PR4　担心签约并付款后才发现有更适合的家政公司	0.472	0.928	
PR5　担心家人遭受虐待或造成家庭不和谐	0.286	0.930	
购买经验			
PEJ1　购买家政服务时，我会找其他人了解和学习经验	0.472	0.928	
PEJ2　我等一次购买家政服务会尝试性地选择部分服务	0.565	0.927	

续表

名称		校正项总计相关性（CITC）	题项已删除的 α 系数	Cronbach's α 系数
PEJ3	不同社会阶层的人对家政品牌的要求不一样	0.497	0.928	
PEJ4	我要提前试用或接触过，才会下决心购买某家政品牌	0.594	0.927	
感知功效				
PVF1	购买家政服务，关键是能为我分担家务劳动	0.341	0.929	
PVF2	家政服务公司可以帮助解决家庭生活的所有需要	0.477	0.928	
PVF3	家政公司应该能根据顾客的个别需求提供服务	0.529	0.928	
PVF4	家政公司应该能提供丰富、全面的服务项目	0.389	0.929	
PC1	购买家政公司服务能为您节约金钱	0.721	0.926	
PC2	购买家政公司服务能为您节约时间，让您有时间做自己的事	0.506	0.928	
PC3	购买家政公司服务能为您和家人节省体力和精力	0.424	0.928	
PC4	对于购买家政服务，您相信一分价钱一分货	0.699	0.926	
社会价值				0.929
PVS1	选择家政服务品牌时，您会考虑是否有助于在社交场合中更自信	0.592	0.927	
PVS2	选择家政服务品牌时，您会考虑是否有助于赢得周围人更多的赞美	0.614	0.926	
PVS3	选择家政服务品牌时，您会考虑是否有助于树立良好的个人形象	0.617	0.926	
PVS4	不同社会阶层的人对家政品牌的要求不一样	0.490	0.928	
PVS5	购买家政服务不但要关注服务本身，还要关注品牌是否与自己的身份一致	0.527	0.927	
情感价值				
PVE1	您选择某家政公司，是因为它能让您感到很愉快	0.458	0.928	
PVE2	您选择某家政公司，是因为它能让您感到很有趣	0.526	0.927	
PVE3	您选择某家政公司，是因为它能让您感到更舒服	0.483	0.928	
PVE4	您感到购买正在使用的家政服务品牌是正确的	0.494	0.928	
生活方式价值				
PVM1	照顾老人和孩子是您每天都要做的事	0.182	0.931	
PVM2	家务活就要交给家政公司做，我应该做自己的事	0.447	0.928	
PVM3	购买家政服务可以让您更好地享受生活	0.442	0.928	

名称	校正项总计相关性（CITC）	题项已删除的 α 系数	Cronbach's α 系数
PVM4　家政服务人员入住您的家庭，您感觉生活不方便	0.069	0.931	
体验价值			
PE1　亲自体验过的家政服务品牌往往容易被记住	0.555	0.927	
PE2　消费家政服务时的独特感受，容易让人一需要就首先想到它	0.482	0.928	
PE3　您要提前试用或接触过，才会下决心购买某家政品牌	0.446	0.928	
PE4　您对家政品牌的偏好来自最初使用时的快乐体验	0.461	0.928	
PE5　消费者能亲眼看着的家政服务，信任度比较高	0.386	0.929	0.929
PE6　独特的沟通与接触流程能给家政顾客留下深刻印象	0.584	0.927	
PE7　符合您个性需求的销售环境和氛围能启发您对家政服务的购买欲望	0.535	0.928	
行为倾向			
PB1　我会重复购现在使用的家政品牌的服务	0.608	0.927	
PB2　即使价格适当上涨，我也会购买现在使用的家政品牌	0.482	0.928	
PB3　我会把正在使用的家政服务品牌推荐给亲友	0.425	0.928	
标准化 Cronbach's α 系数：0.932			

Cronbach 信度分析		
项数	样本量	Cronbach's α 系数
47	46	0.929

资料来源：笔者根据调查数据进行统计并整理。

从表 5-1 可知，信度系数值为 0.929，大于 0.9，说明研究数据信度质量很高。针对"题项已删除的 α 系数"，"PR5 担心家人遭受虐待或造成家庭不和谐"如果被删除，信度系数会有较明显的上升，因此可考虑对此项进行修正或者删除处理。"PVM1 照顾老人和孩子是您每天都要做的事"如果被删除，信度系数会有较为明显的上升，因此可考虑对此项进行修正或者删除处理。"PVM4家政服务人员入住您的家庭，您感觉生活不方便"如果被删除，信度系数会有较明显的上升，因此可考虑对此项进行修正或者删除处理。

针对"CITC 值":"PS1 家政公司的服务承诺明确且应该能够得到准确兑现"对应的 CITC 值小于 0.4;"PS5 家政公司员工无论多忙都要尽可能提供及时、良好的服务"对应的 CITC 值小于 0.4;"PR2 担心家政公司存在价格欺瞒的情况,产生额外费用"对应的 CITC 值小于 0.4;"PR3 担心家庭财产遭受损失"对应的 CITC 值小于 0.4;"PR5 担心家人遭受虐待或造成家庭不和谐"对应的 CITC 值介于 0.2~0.3,说明其与其余分析项之间的相关关系较弱;"PVF1 购买家政服务,关键是能为我减轻家务劳动"对应的 CITC 值小于 0.4;"PVF4 家政公司应该能提供丰富、全面的服务项目"对应的 CITC 值小于 0.4;"PE5 消费者能亲眼看着的家政服务,信任度比较高"对应的 CITC 值小于 0.4。这几项因为是预测试分析,所以对其进行修正后再收集正式数据。

由于"PVM1 照顾老人和孩子是您每天都要做的事"对应的 CITC 值小于 0.2、"PVM4 家政服务人员入住您的家庭,您感觉生活不方便"对应的 CITC 值小于 0.2,说明这两项与其余分析项的关系很弱,考虑进行删除处理。

另外,虽然 PP1 你认为目前使用的家政服务价格偏高、PP2 和其他家政公司相比,你觉得现在使用的家政服务价格偏高的 CITC 绝对值小于 0.2,但考虑到现实中在购买家政服务时仍有不少消费者会因价格问题而讨价还价甚至放弃购买,而且由于调研样本数较少,所以暂不作删除处理。

如上所述,研究数据的可靠性高于 0.9,综合说明数据的可靠性高,可进行下一步分析。

根据以上分析,结合家政服务业现实情况考虑对以下题项做删除处理,如表 5-2 所示。

表 5-2　预测试问卷删除题项汇总

测量题项	被删除的测量题项
感知风险	PR2 担心家政公司存在价格欺瞒的情况,产生额外费用 PR3 担心家庭财产遭受损失 PR5 担心家人遭受虐待或造成家庭不和谐
生活方式价值	PVM1 照顾老人和孩子是您每天都要做的事 PVM4 家政服务人员入住您的家庭,您感觉生活不方便

资料来源:笔者根据调查数据进行统计并整理。

在进行预测试问卷调查时删除不符合要求的测量题项后，各测量变量的可靠性和有效性明显得到改善，各指标符合进一步研究的要求，最终形成适合大样本调查的正式问卷。删除项后的信度分析结果如表5-3所示。

表5-3   删除后的信度分析结果

Cronbach's α	基于标准化项的 Cronbach's α	项数
0.935	0.936	42

资料来源：笔者根据调查数据进行统计并整理。

由表5-3可知。信度系数值为0.935，大于0.9，说明研究数据可靠性很高。考虑到本问卷为预测试问卷，样本数量较少，且 Cronbach's α 系数已经高达0.935，不再删除题项，而对该问卷中存在的个别语言表述模糊和不符合语言习惯的题项进行调整，同时，在购买价格中增加一个题项"选择家政服务公司时，您最关心的还是价格"，最终形成正式问卷共43个量表题项，并进行大样本调查。

5.2   正式调查数据分析

5.2.1   总项信度统计分析

针对正式调查问卷收回的657份有效问卷，对量表数据做统计分析，得出如表5-4所示的总项信度统计量。

表5-4   总项信度统计量

题项编码	校正项总计相关性	多相关性的平方（CITC）	题项已删除的 Cronbach's α 值
PS1	0.230	0.277	0.868
PS2	0.317	0.329	0.867

续表

题项编码	校正项总计相关性	多相关性的平方（CITC）	题项已删除的Cronbach's α值
PS3	0.486	0.439	0.864
PS4	0.348	0.310	0.867
PS5	0.271	0.202	0.868
PC1	0.414	0.327	0.865
PC2	0.230	0.323	0.868
PC3	0.327	0.405	0.867
PC4	0.421	0.298	0.865
PR1	−0.039	0.457	0.877
PR2	0.032	0.461	0.874
PP1	−0.056	0.167	0.875
PP2	0.006	0.287	0.872
PP3	0.055	0.290	0.872
PEJ1	0.437	0.373	0.865
PEJ2	0.335	0.227	0.867
PEJ3	0.299	0.280	0.867
PEJ4	0.098	0.209	0.873
PVF1	0.362	0.397	0.867
PVF2	0.393	0.365	0.866
PVF3	0.365	0.264	0.867
PVF4	0.447	0.305	0.865
PVS1	0.545	0.609	0.862
PVS2	0.561	0.664	0.861
PVS3	0.567	0.702	0.861
PVS4	0.327	0.241	0.867
PVS5	0.487	0.490	0.863
PVE1	0.472	0.444	0.864
PVE2	0.478	0.462	0.864
PVE3	0.488	0.442	0.865
PVE4	0.530	0.504	0.864
PVM1	0.391	0.360	0.866
PVM2	0.440	0.377	0.865
PE1	0.357	0.356	0.867

续表

题项编码	校正项总计相关性	多相关性的平方（CITC）	题项已删除的 Cronbach's α 值
PE2	0.430	0.415	0.865
PE3	0.261	0.223	0.868
PE4	0.464	0.438	0.865
PE5	0.368	0.282	0.866
PE6	0.508	0.408	0.864
PE7	0.509	0.416	0.864
PB1	0.551	0.525	0.864
PB2	0.407	0.420	0.865
PB3	0.470	0.476	0.864

资料来源：笔者根据调查数据进行统计并整理。

表 5-4 中 PS1、PS5、PC4、PP1、PP2、PP3、PEJ2、PEJ3、PEJ4、PVF3、PVS4、PE3、PE5 13 项的 CITC 值均小于 0.3，不适合做进一步研究，全部做删除处理。同时，该表也进一步显示预测试中的购买价格题项信度的确较低，应该做删除处理。

删除后的量表题项共计 30 项，删除后的总体信度如表 5-5 所示。

表 5-5 正式数据总体信度统计量

Cronbach's α	基于标准化项的 Cronbach's α	项数
0.876	0.887	31

资料来源：笔者根据调查数据进行统计并整理。

由表 5-5 可知，样本数据整体信度系数值为 0.876，标准化值达到 0.891>0.8，意味着研究数据的可靠性较高，可以做进一步分析。

5.2.2 分变量信度值

在对数据总项进行信度分析的基础上，进一步对各分变量信度进行检验，为保证后续研究的可靠性，要求各变量的信度均大于 0.5，其结果如表 5-6 所示。

表5-6 各分变量信度

因子	Cronbach's α	基于标准化项的 Cronbach's α	项数
感知服务质量	0.556	0.555	3
感知风险	0.759	0.760	2
经验价值	0.665	0.676	6
感知功效	0.690	0.690	3
社会价值	0.874	0.873	4
情感价值	0.704	0.720	4
生活方式价值	0.492	0.528	2
体验价值	0.752	0.752	6
行为倾向	0.726	0.732	3

资料来源：笔者根据调查数据进行统计并整理。

由表5-6可知，生活方式价值的 Cronbach's α 系数值为 0.492，小于 0.5，不适合做进一步分析，因而将生活方式价值从感知价值维度中删除。感知服务质量和 Cronbach's α 系数值均大于 0.5，其余各项的 Cronbach's α 系数值均大于 0.6，符合进一步分析的要求。

5.2.3 整体效度分析

效度分析往往被用于研究定量数据（特别是态度量表题）的设计合理性。首先分析 KMO 值。该 KMO 值若高于 0.8，表示效度很高；如果 KMO 值在 0.7~0.8，表明数据效度较好；如果 KMO 值在 0.6~0.7，则属于可容许范围，如果 KMO 值在 0.6 以下，说明数据不适合用作进一步分析。接下来进行问题题项与因子的对应关系分析，如果对应关系与研究者心理的预期基本一致，效果更好。

如果问题项目与对应因子的关系和预想有很大差异，或者某个分析项目对应的共同度值低于 0.4，都有可能导致效度不高，可以通过删除题目来进行改善。

整体效度检测如表5-7所示，整体方差解释率如表5-8所示。

表5-7　整体效度检测

KMO 和 Bartlett 球形检验		
取样足够度的 Kaiser-Meyer-Olkin 度量		0.895
Bartlett 球形检验	近似卡方	7226.831
	df	465
	Sig.	0.000

资料来源：笔者根据调查数据进行统计并整理。

由表5-7可知，KMO 值为0.895，大于0.8，意味着数据具有较好的效度，可以做进一步分析。

由表5-8可知，7个因子的方差解释率值分别是25.615%、9.458%、5.636%、4.732%、4.301%、3.792%、3.472%，旋转后累计方差解释率为57.007%，大于50%。意味着研究项的信息量可以有效地提取出来。

表5-8　整体方差解释表

成分	初始特征值			提取载荷平方和		
	总计	方差百分比（%）	累计百分比（%）	总计	方差百分比（%）	累计百分比（%）
1	7.941	25.615	25.615	7.941	25.615	25.615
2	2.932	9.458	35.073	2.932	9.458	35.073
3	1.747	5.636	40.709	1.747	5.636	40.709
4	1.467	4.732	45.441	1.467	4.732	45.441
5	1.333	4.301	49.743	1.333	4.301	49.743
6	1.175	3.792	53.535	1.175	3.792	53.535
7	1.076	3.472	57.007	1.076	3.472	57.007
8	0.970	3.130	60.136			
9	0.950	3.065	63.201			
10	0.859	2.770	65.971			
11	0.795	2.565	68.536			
12	0.767	2.474	71.010			

续表

成分	初始特征值			提取载荷平方和		
	总计	方差百分比（%）	累计百分比（%）	总计	方差百分比（%）	累计百分比（%）
13	0.719	2.320	73.330			
14	0.685	2.208	75.538			
15	0.643	2.073	77.611			
16	0.613	1.977	79.588			
17	0.600	1.935	81.524			
18	0.573	1.847	83.371			
19	0.524	1.692	85.062			
20	0.491	1.583	86.645			
21	0.483	1.559	88.204			
22	0.470	1.517	89.721			
23	0.433	1.396	91.117			
24	0.415	1.340	92.457			
25	0.400	1.290	93.747			
26	0.390	1.260	95.007			
27	0.373	1.203	96.209			
28	0.339	1.095	97.304			
29	0.330	1.064	98.368			
30	0.306	0.986	99.354			
31	0.200	0.646	100.000			

资料来源：笔者根据调查数据进行统计并整理。

接下来，需要结合因子负荷系数确认因子和研究项的对应关系，确认是否符合预想，如果不相符则需要再调整。因子负荷系数的绝对值大于 0.4 时，说明题项和因子对应关系较好。对除因变量外的各因子观测变量进行凯撒正态化最大方差法旋转并排序后的成分矩阵如表 5-9 所示。

表 5-9　旋转排序后的成分矩阵

变量	成分							提取
	1	2	3	4	5	6	7	
PVS3	0.85							0.598
PVS2	0.849							0.649
PVS1	0.840							0.660
PVS5	0.684							0.798
PC1	0.526							0.805
PE2		0.757						0.597
PE4		0.753						0.563
PE7		0.571						0.730
PE1		0.554						0.760
PE6		0.523						0.777
PC2			0.785					0.575
PC3			0.756					0.741
PVF1			0.698					0.665
PVE1				0.807				0.473
PVE2				0.654				0.643
PVE3				0.582				0.651
PS4					0.728			0.506
PS3					0.680			0.644
PC4					0.491			0.367
PR2						0.894		0.402
PR1						0.881		0.703
PVM1							0.754	0.611
PEJ1							0.602	0.473
PVM2							0.593	0.610

资料来源：笔者根据调查数据进行统计并整理。

从表 5-9 可见，所有因子中系数均大于 0.4，最小值为 PC4（0.491），可以使用，说明各题项均能有效提取公因子。

由于部分变量原有题项出现了"张冠李戴"的情况，需要进行调整。其中，原功效价值 PC1、PC4、PVF2、PVF4 4 个题项的表述意义实际上属于经验价值，这样就使感知价值自变量调整为功效价值、经验价值、社会价值、情感价值和体验价值 5 个维度。调整后的功效价值包含 PC2、PC3、PVF1；体验价值包含 PE1、PE2、PE4、PE5、PE6、PE7；社会价值包含 PVS1、PVS2、PVS3、PVS5；经验价值包含 PC1、PC4、PVF2、PVF4、PEJ1；情感价值包含 PVE1、PVE2、PVE3、PVE4。另外，根据信度检验，前因变量的观测变量中服务质量调整为 PS3、PS4，感知风险仍然保持 PR1、PR2。

对数据进行调整和处理后，再次进行分维度信度检验，结果如表 5–10 所示。

表 5–10　调整后的分维度信度分析

因子	Cronbach's α	基于标准化项的 Cronbach's α	项数
感知服务质量（fwzl）	0.568	0.566	3
感知风险（gzfx）	0.759	0.760	2
生活方式价值（shfs）	0.579	0.594	3
感知功效（gxjz）	0.69	0.69	3
社会价值（shjz）	0.854	0.852	5
情感价值（qgjz）	0.671	0.700	3
体验价值（tyjz）	0.735	0.736	5
行为倾向（xwqx）	0.726	0.732	3

资料来源：笔者根据调查数据进行统计并整理。

由表 5–10 可知，所有变量 Cronbach's α 值标准化后均大于 0.5，同时，总项 Cronbach's α 值为 0.894，因此各维度信度可靠，可以进行下一步分析。

同样，还需要对调整后的数据进行效度检验，检验结果如表 5–11 所示。

表 5–11　再次检验的效度分析

KMO 和 Bartlett 球形检验		
KMO 值		0.865
Bartlett 球形检验	近似卡方	5235.131
	df	276
	p 值	0.000

资料来源：笔者根据调查数据进行统计并整理。

由表 5-11 可知，KMO 值大于 0.8，可以继续进行分析。

5.2.4 变量间的 Pearson 相关性分析

为了验证各变量间的相关性，本书采用 Pearson 双侧相关性分析，结果如表 5-12 所示。

表 5-12 变量间的 Pearson 相关性分析（N=657）

变量	fwzl	gzfx	gxjz	shjz	shfs	tyjz	qgjz	xwqx
fwzl	1							
gzfx	-0.111**	1						
gxjz	0.243**	-0.065	1					
shjz	0.460**	-0.106**	0.079*	1				
shfs	0.341**	-0.079*	0.275**	0.443**	1			
tyjz	0.414**	-0.064	0.401**	0.326**	0.389**	1		
qgjz	0.430**	-0.095*	0.239**	0.425**	0.411**	0.499**	1	
xwqx	0.315**	-0.172**	0.284**	0.422**	0.501**	0.507**	0.401**	1

注：* 在 0.05 级别（双尾），相关性显著；** 在 0.01 级别（双尾），相关性显著。感知服务质量（fwzl）、感知风险（gzfx）为感知价值的前因变量；功效价值（gxjz）、社会价值（shjz）、生活方式价值（shfs）、体验价值（tyjz）、情感价值（qgjz）为感知价值构成维度；购买行为倾向（xwqx）为因变量。

资料来源：笔者根据调查数据进行统计并整理。

从表 5-12 可以看出，在量表的各变量中，服务质量和经验价值与除感知风险外的所有变量均显著相关，感知风险与情感价值和行为倾向显著相关，功效价值与社会价值相关性并不显著，社会价值与情感价值和体验价值均显著相关，所有前因变量及感知价值各维度均与行为倾向显著相关。同时，可以发现各变量间的相关系数均在 0.6 以下，不产生多重共线性。

5.3 描述性统计分析

对调查问卷中的各人口统计学指标进行描述性统计分析的具体结果如

表 5-13 所示。通过对性别、年龄、收入、受教育程度、购买次数、家务频率、家庭构成进行分组均值和标准差计算，并对各分组之间的差异情况进行独立样本的 T 检验，进而得到最终结果如表 5-14~表 5-22 所示。

表 5-13 描述性统计分析

变量	分类及各自的频率和占比（N＝657）					
性别 （A1）	男			女		
	275 人，41.9%			382 人，58.1%		
年龄 （A2）	30 岁以下	30~49 岁		50~64 岁	65 岁及以上	
	158 人，24%	465 人，70.8%		31 人，4.7%	3 人，0.5%	
受教育程度（A3）	高中及以下	大学专科或本科			硕士及以上	
	20 人，3%	537 人，81.7%			100 人，15.2%	
收入 （A4）	5000 元以下	5000~7999 元	8000~11999 元	12000~19999 元	20000 元及以上	
	39 人，5.9%	177 人，26.9%	274 人，41.7%	129 人，19.6%	38 人，5.7%	
职业 （A5）	行政事业	国企管理	国企普通	私营业主	自由职业者	其他
	200 人，30.4%	165 人，25.1%	123 人，18.7%	90 人，13.7%	49 人，7.5%	30 人，4.6%
家务频率 （A6）	每天 1 次	每天几次	每周 1 次	每周几次	每月几次	每月 1 次或更少
	89 人，13.5%	40 人，6.1%	218 人，33.2%	190 人，28.9%	72 人，11%	48 人，7.3%
购买次数 （A7）	初次购买	购买 2 次			购买 3 次以上	
	164 人，25%	462 人，70.3%			31 人，4.7%	

家庭构成 （A8）	A8a （独自）	A8b 单亲有孩	A8c 夫妻无孩	A8d 夫妻，孩子未成年	A8e 夫妻，孩子成年且同住	A8f 夫妻，孩子成年但不同住	A8g 与父母同住	A8h 其他
	69 人，10.50%	5 人，0.80%	63 人，9.60%	444 人，67.60%	34 人，5.20%	9 人，1.40%	132 人，20.10%	2 人，0.30%

资料来源：笔者根据调查数据进行统计并整理。

验证人口统计变量不同群组对各变量的影响过程中，为便于分析，本章将性别分为男性群组和女性群组，年龄以 30 岁为界分为高龄组和低龄组，受教育水平以大专为界分为低教组和高教组，收入以 8000 元为界分为高收入组和低收入组，职业分为国有单位组和私有单位组，家务购买频率分为高频组和低频组，购买次数按 2 次及以下和 2 次以上分为少次组和多次组，家庭构成按是否与成年子女或父母（公婆）同住分为简单家庭组和复杂家庭组。

5.3.1 性别分组的均值比较

通过性别分组的均值比较，可以发现不同性别雇主对感知价值前因变量、感知价值、购买行为倾向各变量的认知是否存在差异，差异是否显著，哪种性别雇主对各变量影响更大。通过对数据进行整理，得到结果如表5-14所示。

表5-14 性别分组的均值比较

变量名称	性别	样本	M 均值	SD 标准差	T 值	p 值
服务质量（fwzl）	男	275	5.6628	0.70965	0.807	0.503
	女	382	5.6156	0.76069		
感知风险（gzfx）	男	275	4.4000	1.22921	−1.268	0.250
	女	382	4.5288	1.32281		
功效价值（gxjz）	男	275	6.2632	0.57818	0.873	0.412
	女	382	6.2244	0.55102		
社会价值（shjz）	男	275	4.5811	1.10140	0.452	0.489
	女	382	4.5414	1.11995		
生活方式价值（shfs）	男	489	5.2063	0.92560	−1.587	0.435
	女	596	5.3193	0.88173		
体验价值（tyjz）	男	275	5.7913	0.63585	−0.889	0.079
	女	382	5.8346	0.60049		
情感价值（qgjz）	男	275	5.4699	0.79422	0.809	0.411
	女	382	5.4170	0.85101		
行为倾向（xwqx）	男	275	5.4762	0.85142	−2.089	0.056
	女	382	5.6072	0.74830		

注：结果基于1000 Bootstrap Samples。

资料来源：笔者根据调查数据进行统计并整理。

从表5-14可见，女性与男性对各变量感知均值、标准差、均值比较的差异性T值、显著性p值（显著性水平为0.05）均不同，但除行为倾向外，其余各项差异均不显著。

针对行为倾向，女性均值为 5.6072，高于男性的 5.4762，说明女性的影响性更高；女性标准差为 0.74830，小于男性的 0.85142，说明女性的行为倾向更集中；T 值为 -2.089，p 值为 0.056，小于 0.05，说明对于家政服务，不同性别的购买行为倾向有很大差异。总体来看，女性雇主购买家政服务时的行为倾向性均值明显高于男性，但对其他变量而言的均值差异并不显著。

5.3.2　年龄分组的均值比较

通过年龄分组的均值比较，可以发现不同年龄阶段对感知价值前因变量、感知价值、购买行为倾向各变量的影响是否存在差异性，差异是否显著，哪种年龄阶段的雇主对各变量影响更高。通过对数据进行整理，得到结果如表 5-15 所示。

表 5-15　年龄分组的均值比较

变量名称	年龄	样本	M 均值	SD 标准差	T 值	p 值
服务质量 （fwzl）	低龄	158	5.6159	0.69043	-0.380	0.162
	高龄	499	5.6416	0.75502		
感知风险 （gzfx）	低龄	158	4.9019	0.99754	4.875	0.000
	高龄	499	4.3397	1.33622		
功效价值 （gxjz）	低龄	158	6.2344	0.51130	-0.159	0.168
	高龄	499	6.2426	0.57816		
社会价值 （shjz）	低龄	158	4.4797	1.02477	-1.015	0.029
	高龄	499	4.5828	1.13751		
生活方式价值 （shfs）	低龄	158	5.2491	0.77656	-0.365	0.032
	高龄	499	5.2792	0.93805		
体验价值 （tyjz）	低龄	158	5.8177	0.50897	0.030	0.005
	高龄	499	5.8160	0.64595		
情感价值 （qgjz）	低龄	158	5.4470	0.76712	0.136	0.218
	高龄	499	5.4367	0.84645		
行为倾向 （xwqx）	低龄	158	5.4175	0.80321	-2.455	0.719
	高龄	499	5.5951	0.78852		

注：结果基于 1000 Bootstrap Samples。

资料来源：笔者根据调查数据进行统计并整理。

从表 5-15 可见，高龄与低龄对各变量影响感知均值、标准差、均值比较的差异性 T 值、显著性 p 值（显著性水平为 0.05）均不同，但除感知风险、经验价值和行为倾向外，其余各项差异均不显著。

针对感知风险，低龄组均值为 4.9019，高于低龄组的 4.3397，说明低龄组人群的风险感知度更高；低龄组人群标准差为 0.99754，低于高龄组人群的 1.33622，说明低龄组感知风险的人更集中；T 值为 4.875，p 值为 0.000，小于 0.05，说明不同年龄组人群对家政服务的风险感知存在显著差异。针对社会价值，高龄组均值为 4.5828，高于低龄组的 4.4797，说明高龄组人群的社会价值感知度更高；高龄组人群标准差为 1.13751，高于低龄组人群的 1.02477，说明低龄组感知社会价值的人更集中；T 值为 -1.015，p 值为 0.029，小于 0.05，说明不同年龄组人群对家政服务的社会价值的感知存在显著差异。针对生活方式价值，高龄组均值为 5.2792，高于低龄组的 5.2491，说明高龄组人群的生活方式价值感知度更高；高龄组人群标准差为 0.93805，高于低龄组人群的 0.77656，说明低龄组人群对感知生活方式价值的人更集中；T 值为 -0.365，p 值为 0.032，小于 0.05，说明不同年龄组人群对家政服务带来的生活方式价值感知存在显著差异。针对体验价值，高龄组均值为 5.8160，略低于低龄组的 5.8177，说明低龄组人群的体验价值感知度更高；高龄组人群标准差为 0.64595，高于低龄组人群的 0.50897，说明低龄组人群感知体验价值的人更集中；T 值为 0.030，p 值为 0.005；小于 0.05，说明不同年龄组人群对家政服务的体验价值感知存在显著差异。总的来看，高龄组人群购买家政服务时感知风险、社会价值、生活方式价值的均值显著高于低龄组人群，但对体验价值而言，低龄组人群的均值显著高于高龄组人群。对其他变量而言的均值差异并不显著。

5.3.3 受教育水平分组的均值比较

通过受教育水平分组的均值比较，可以发现不同受教育层次的雇主对感知价值前因变量、感知价值、购买行为倾向各变量之间的认知是否存在差异性，差异是否显著，哪种受教育层次对各变量认知更高。通过对数据进行整理，得到结果如表 5-16 所示。

表5-16　受教育水平分组的均值比较

变量名称	教育	样本	M 均值	SD 标准差	T 值	p 值
服务质量 （fwzl）	低教	20	5.4325	0.94253	-1.246	0.009
	高教	637	5.6418	0.73232		
感知风险 （gzfx）	低教	20	4.475	1.17513	0.000	0.577
	高教	637	4.4749	1.28923		
功效价值 （gxjz）	低教	20	6.133	0.59627	-0.869	0.814
	高教	637	6.244	0.5615		
社会价值 （shjz）	低教	20	4.65	1.06992	0.376	0.881
	高教	637	4.5551	1.11352		
生活方式价值 （shfs）	低教	20	4.816	0.88234	-2.305	0.890
	高教	637	5.2863	0.89891		
体验价值 （tyjz）	低教	20	5.89	0.60689	0.543	0.984
	高教	637	5.8141	0.61602		
情感价值 （qgjz）	低教	20	5.2675	0.73858	-0.942	0.703
	高教	637	5.4445	0.83009		
行为倾向 （xwqx）	低教	20	5.699	0.68344	0.837	0.510
	高教	637	5.5478	0.79838		

注：结果基于1000 Bootstrap Samples。

资料来源：笔者根据调查数据进行统计并整理。

从表5-16可见，受过较高教育的人群与受过较低教育的人群对各变量感知均值、标准差、均值比较的差异性T值、显著性p值（显著性水平为0.05）均不同，但除服务质量外，其余各项差异均不显著。

针对服务质量，高教组均值为5.6418，高于低教组的5.4325，说明高教组人群的服务质量感知度更高；高教组人群标准差为0.73232，低于低教组人群的0.94253，说明高教组感知风险的人更集中；T值为-1.246，p值为0.009，大于0.05，说明不同受教育程度组人群对家政服务的服务质量的感知度存在显著差异。总的来说，受教育层次对家政服务的服务质量的需求显著不同，而对其他变量感知差异均不显著。

5.3.4 收入分组的均值比较

通过收入水平分组的均值比较，可以发现不同收入水平对感知价值前因变量、感知价值、购买行为倾向各变量之间的认知是否存在差异性，差异是否显著，哪种收入水平对各变量影响更大。通过对数据进行整理，得到结果如表5-17所示。

表5-17　收入水平分组的均值比较

变量名称	收入	样本	M 均值	SD 标准差	T 值	p 值
服务质量 （fwzl）	低收	216	5.5228	0.79035	-2.744	0.102
	高收	441	5.6905	0.70779		
感知风险 （gzfx）	低收	216	4.6944	1.21106	3.085	0.453
	高收	441	4.3673	1.30775		
功效价值 （gxjz）	低收	216	6.2131	0.58506	-0.876	0.457
	高收	441	6.2541	0.5512		
社会价值 （shjz）	低收	216	4.4435	1.13848	-1.851	0.602
	高收	441	4.6141	1.09506		
生活方式价值 （shfs）	低收	216	5.0186	0.92022	-5.140	0.337
	高收	441	5.3961	0.86637		
体验价值 （tyjz）	低收	216	5.7157	0.68833	-2.952	0.002
	高收	441	5.8658	0.57075		
情感价值 （qgjz）	低收	216	5.3443	0.88968	-2.062	0.328
	高收	441	5.4856	0.79219		
行为倾向 （xwqx）	低收	216	5.3797	0.90991	-3.939	0.000
	高收	441	5.6370	0.71844		

注：结果基于 1000 Bootstrap Samples。

资料来源：笔者根据调查数据进行统计并整理。

从表5-16可见，高收入群组与低收入群组对各变量感知均值、标准差、均值比较的差异性T值、显著性p值（显著性水平为0.05）均不同，且除体验价值、行为倾向外，其余各项均值差异均不显著。

针对体验价值，高收组均值为 5.8658，高于低收组的 5.7157，说明高收组人群对体验价值的感知度更高；高收组人群标准差为 0.57075，低于低收组人群的 0.68833，说明高收组人群对体验价值的感知要求更集中；T 值为 −2.952，p 值为 0.002，小于 0.05，说明不同收入程度组人群对家政服务的体验价值的感知度存在显著差异。总的来看，高收入人群购买家政服务时对体验价值感知要求的均值显著高于低收入人群。

针对行为倾向，高收入群组均值为 5.6370，高于低收入群组的 5.3797，说明高收入群组的行为倾向性更高；低收入群组标准差为 0.90991，高于高收入人群群组的 0.71844，说明高收入人群的家政服务购买行为倾向性更集中；T 值为 −3.939，p 值为 0.000，小于 0.05，说明不同收入人群对家政服务的购买行为倾向存在显著差异。总体来看，高收入人群购买家政服务时行为倾向项的均值显著高于低收入人群。

5.3.5 职业分组的均值比较

通过职业情况分组的均值比较，可以发现不同职业群组雇主对感知价值前因变量、感知价值、购买行为倾向各变量之间的认知是否存在差异性，差异是否显著，哪种职业情况雇主对各变量认知更高。通过对数据进行整理，得到结果如表 5-18 所示。

表 5-18 职业分组的均值比较

变量名称	职业	样本	M 均值	SD 标准差	T 值	p 值
服务质量 （fwzl）	国有	488	5.654	0.75462	1.097	0.352
	私有	169	5.5816	0.69361		
感知风险 （gzfx）	国有	488	4.459	1.27420	−0.538	0.488
	私有	169	4.5207	1.31877		
功效价值 （gxjz）	国有	488	6.2468	0.55676	0.475	0.425
	私有	169	6.2229	0.57985		
社会价值 （shjz）	国有	488	4.6225	1.10644	2.540	0.828
	私有	169	4.3716	1.10847		
生活方式价值 （shfs）	国有	488	5.3197	0.87025	2.315	0.091
	私有	169	5.1341	0.97543		

续表

变量名称	职业	样本	M 均值	SD 标准差	T 值	p 值
体验价值（tyjz）	国有	488	5.8205	0.62428	0.287	0.834
	私有	169	5.8047	0.59078		
情感价值（qgjz）	国有	488	5.4976	0.81046	3.098	0.835
	私有	169	5.2703	0.85509		
行为倾向（xwqx）	国有	488	5.5722	0.75696	1.084	0.010
	私有	169	5.4953	0.89618		

注：结果基于 1000 Bootstrap Samples。

资料来源：笔者根据调查数据进行统计并整理。

从表 5-18 可见，国有单位人群与私有单位人群对各变量感知均值、标准差、均值比较的差异性 T 值、显著性 p 值（显著性水平为 0.05）均不同，但除经验价值、社会价值和情感价值外，其余各项均值差异均不显著。

针对行为倾向，国有单位人群组均值为 5.5722，高于私有单位人群组的 5.4953，说明国有单位人群组的购买行为倾向性更高；私有单位人群组标准差为 0.89618，高于国有单位人群组的 0.75696，说明国有单位人群的家政服务购买行为倾向性更集中；T 值为 1.084，p 值为 0.010，小于 0.05，说明不同性质单位人群对家政服务的购买行为倾向存在显著差异。总体来看，国有单位人群购买家政服务时行为倾向项的均值显著高于私有单位人群。

5.3.6　家务频率分组的均值比较

通过雇主做家务频率分组的均值比较，可以发现不同家务频率的雇主对感知价值前因变量、感知价值、购买行为倾向各变量之间的认知是否存在差异性，差异是否显著，哪种家务频率情况雇主对各变量认知更高。通过对数据进行整理，得到结果如表 5-19 所示。

表 5-19　家务频率分组的均值比较

变量名称	家政频率	样本	M 均值	SD 标准差	T 值	p 值
服务质量（fwzl）	高频	319	5.6067	0.78636	-0.966	0.020
	低频	338	5.6625	0.69260		

续表

变量名称	家政频率	样本	M 均值	SD 标准差	T 值	p 值
感知风险 （gzfx）	高频	319	4.4984	1.28764	0.456	0.908
	低频	338	4.4527	1.28417		
功效价值 （gxjz）	高频	319	6.2133	0.57571	-1.211	0.270
	低频	338	6.2664	0.54922		
社会价值 （shjz）	高频	319	4.5806	1.13170	0.505	0.376
	低频	338	4.5367	1.09345		
生活方式价值 （shfs）	高频	319	5.2551	0.88717	-0.466	0.892
	低频	338	5.2879	0.91562		
体验价值 （tyjz）	高频	319	5.7969	0.61069	-0.792	0.968
	低频	338	5.8349	0.62020		
情感价值 （qgjz）	高频	319	5.4241	0.85269	-0.452	0.239
	低频	338	5.4533	0.80403		
行为倾向 （xwqx）	高频	319	5.5717	0.77130	0.605	0.263
	低频	338	5.5341	0.81765		

注：结果基于 1000 Bootstrap Samples。

资料来源：笔者根据调查数据进行统计并整理。

从表 5-19 可见，家务劳动频率的偏好不同的雇主人群对各变量感知均值、标准差、均值比较的差异性 T 值、显著性 p 值（显著性水平为 0.05）均不同，但各变量项的均值差异均不显著。

针对服务质量，家政频率低的人群均值为 5.6625，高于家政频率高的人群的 5.6067，说明家政频率低的人群对服务质量的感知度更高；高频率家政人群标准差为 0.78636，高于低频率家政人群的 0.69260，说明低频率家政人群对服务质量的感知要求更集中；T 值为 -0.966，p 值为 0.02，小于 0.05，说明不同收入程度组人群对家政服务的服务质量的感知度存在显著差异。可见，家政低频率人群购买家政服务时对服务质量感知要求的均值显著高于高频率人群。总的来说，雇主对家务劳动频率的差异对家政服务质量的感知均值存在显著差异。

5.3.7 购买次数分组的均值比较

通过雇主购买次数分组的均值比较，可以发现不同购买次数的雇主对感知价值前因变量、感知价值、购买行为倾向各变量之间的认知是否存在差异性，差异是否显著，哪种购买次数雇主对各变量认知更高。通过对数据进行整理，得到结果如表5-20所示。

表5-20 购买次数分组的均值比较

变量名称	家政频率	样本	M 均值	SD 标准差	T 值	p 值
服务质量 （fwzl）	少次	195	5.4851	0.82111	-3.411	0.012
	多次	462	5.6988	0.69355		
感知风险 （gzfx）	少次	195	4.8923	1.15263	5.530	0.013
	多次	462	4.2987	1.29849		
功效价值 （gxjz）	少次	195	6.1966	0.59949	-1.304	0.265
	多次	462	6.2592	0.54566		
社会价值 （shjz）	少次	195	4.3456	1.12411	-3.204	0.880
	多次	462	4.6476	1.09512		
生活方式 价值（shfs）	少次	195	4.9571	0.92405	-5.968	0.329
	多次	462	5.4048	0.85861		
体验价值 （tyjz）	少次	195	5.7405	0.69797	-2.059	0.013
	多次	462	5.8485	0.57488		
情感价值 （qgjz）	少次	195	5.2801	0.92793	-3.223	0.009
	多次	462	5.5063	0.77256		
行为倾向 （xwqx）	少次	195	5.2733	0.89176	-5.998	0.000
	多次	462	5.6702	0.71979		

注：结果基于1000 Bootstrap Samples。

资料来源：笔者根据调查数据进行统计并整理。

从表5-20可见，多次购买群组与少次购买群组对各变量感知均值、标准差、均值比较的差异性T值、显著性p值（显著性水平为0.05）均不同，且除感知风险、经验价值、情感价值和行为倾向外，其余各项均值差异均不显著。

针对感知风险，多次购买人群均值为4.2987，低于少次购买人群的

4.8923，说明购买次数少的群组风险意识更高；购买次数少的人群标准差为1.15263，低于购买次数多的1.29849，说明少次购买人群感知风险的强度更集中；T值为5.530，p值为0.013，小于0.05，说明不同购买次数人群对家政服务的风险感知存在显著差异。总的来看，购买次数少的群组购买家政服务时感知风险的均值显著高于购买次数多的人群。

针对体验价值，购买次数多的群组均值为5.8485，高于购买次数少的群组的5.7405，说明多次购买群组的经验价值感知度更高；购买次数多的群组人群标准差为0.57488，低于购买次数少的人群的0.69797，说明购买次数多的群组经验价值感知的人更集中；T值为-2.059，p值为0.013，小于0.05，说明不同购买次数人群对家政服务的经验价值感知度存在显著差异。总的来看，多次购买人群购买家政服务的经验价值感知度均值明显高于购买次数少的人群。

针对情感价值，购买次数多的群组均值为5.5063，高于购买次数少的群组的5.2801，说明购买次数多的人群购买家政服务的情感价值感知更强；购买次数少的群组标准差为0.92793，高于购买次数多的群组的0.77256，说明购买次数多的人群情感价值感知的强度更集中；T值为-3.223，p值为0.009，小于0.05，说明不同购买次数人群对家政服务的情感价值感知和需求度存在显著差异，购买次数多的人群更关注情感价值的满足。

针对行为倾向，购买次数少的群组均值为5.2733，低于购买次数多的群组的5.6702，说明购买次数少的群组的行为倾向更容易形成；购买次数少的群组标准差为0.89176，高于多次购买人群的0.71979，说明高购买次数人群的家政服务购买行为倾向性更集中；T值为-5.998，p值为0.000，小于0.05，说明不同购买次数人群对家政服务的购买行为倾向存在显著差异。总的来看，购买次数多的群组购买家政服务时行为倾向的均值显著高于购买次数少的群组。

5.3.8 家庭人口构成分组的均值比较

通过雇主家庭人口构成状况分组的均值比较，可以发现不同家庭人口构成的雇主群组对感知价值前因变量、感知价值、购买行为倾向各变量之间的认知是否存在差异性，差异是否显著，哪种人口构成情况雇主对各变量认知更高。通过对数据进行整理，得到结果如表5-21所示。

表 5-21　家庭人口结构分组的均值比较

变量名称	家庭构成	样本	M 均值	SD 标准差	T 值	p 值
服务质量（fwzl）	简单	494	5.6305	0.72707	-0.296	0.633
	复杂	163	5.6502	0.77835		
感知风险（gzfx）	简单	494	4.4494	1.31247	-0.885	0.062
	复杂	163	4.5521	1.19878		
功效价值（gxjz）	简单	494	6.2377	0.56775	-0.231	0.390
	复杂	163	6.2494	0.54764		
社会价值（shjz）	简单	494	4.5575	1.12608	-0.020	0.148
	复杂	163	4.5595	1.06971		
生活方式价值（shfs）	简单	494	5.3199	0.88005	2.383	0.625
	复杂	163	5.1266	0.95123		
体验价值（tyjz）	简单	494	5.8235	0.60325	0.510	0.294
	复杂	163	5.7951	0.65242		
情感价值（qgjz）	简单	494	5.4471	0.81575	0.427	0.310
	复杂	163	5.4151	0.86431		
行为倾向（xwqx）	简单	494	5.5552	0.77577	0.156	0.813
	复杂	163	5.5439	0.85346		

注：结果基于 1000 Bootstrap Samples。

资料来源：笔者根据调查数据进行统计并整理。

从表 5-21 可见，家庭人口结构较复杂的雇主群组与家庭结构较简单的雇主群组对各变量感知均值、标准差、均值比较的差异性 T 值、显著性 p 值（显著性水平为 0.05）均不同，但各变量项的均值差异均不显著。

总的来说，家庭人口结构对家政服务购买行为倾向及其影响因素的影响均值差异均不显著。

5.3.9　人口统计特征对各变量的影响汇总

将整个人口统计变量不同群组对所有变量的影响进行汇总后，基本情况如表 5-22 所示。

表 5-22　人口统计特征对各变量的影响汇总

潜变量	性别	年龄	教育	收入	职业	家务频率	购买次数	家庭结构
服务质量（fwzl）	否	否	是	否	否	否	否	否
感知风险（gzfx）	否	是	否	是	否	否	是	否
功效价值（gxjz）	否	否	否	否	否	否	否	否
经验价值（jyjz）	否	是	否	否	是	否	是	否
社会价值（shjz）	否	否	否	是	是	否	否	否
体验价值（tyjz）	否	否	否	否	否	否	否	否
情感价值（qgjz）	否	否	否	否	是	否	否	否
行为倾向（xwqx）	是	是	否	否	否	否	是	否

资料来源：笔者根据调查数据进行统计并整理。

由表 5-22 可知，在本章的研究所涉及的人口统计变量中，除家务频率、家庭结构外，其余所有人口因素的不同分组对家政服务的感知价值和购买行为倾向各变量的影响均值均存在显著差异。

5.4　研究假设的结构方程检验

根据研究假设和理论框架，将重新排列顺序后的数据，依据各维度的内涵属性重新进行分组后，使用 AMOS 软件绘制结构方程的原始模型及参数估计结果，并计算出路径参数、变量和残差的相关值。如图 5-1 所示。

在图 5-1 中，外因变量包含服务质量（fwzl）、感知风险（gzfx）2 个维度。内因变量包括感知价值各变量和行为倾向（因变量）。感知价值包括功效价值（gxjz）、生活方式价值（shfs）、社会价值（shjz）、体验价值（tyjz）、情感价值（qgjz）5 个维度；因变量为行为倾向（xwqx）。外因变量、感知价值、行为倾向共同形成一个三级结构方程模型，其中：

（1）服务质量和感知风险两个外因变量共同作用并引发感知价值各变量及行为倾向，感知价值各变量均共同作用并引发行为倾向。

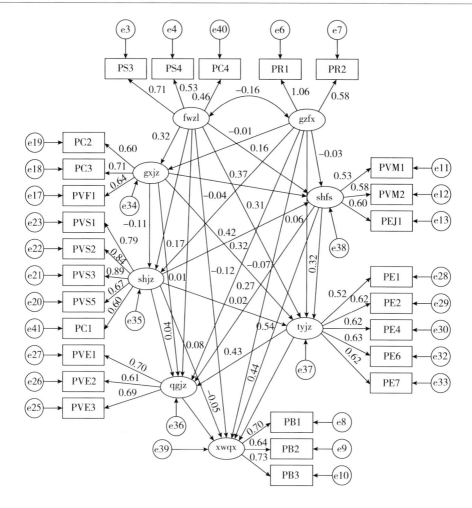

图 5-1 结构方程初始模型及参数估计结果

资料来源：笔者根据理论框架及研究假设整理并绘制。

（2）感知价值内部各维度之间形成一个由功效价值引发的复杂价值传递路径关系。即功效价值影响并引发生活方式价值、社会价值、体验价值和情感价值；生活方式价值影响并引发社会价值、体验价值和情感价值；社会价值影响并引发生活体验价值和情感价值；体验价值影响并引发情感价值。

应用 AMOS 软件建立结构方程模型后，计算各路径系数，结果如表 5-23 所示。

表 5-23 结构方程路径系数

路径			Estimate	S. E.	C. R.	p	标准化的 Estimate
gxjz	←	fwzl	0. 174	0. 035	4. 972	***	0. 321
gxjz	←	gzfx	−0. 003	0. 012	−0. 203	0. 839	−0. 009
shjz	←	gxjz	−0. 208	0. 103	−2. 019	0. 043	−0. 106
shjz	←	fwzl	0. 676	0. 079	8. 547	***	0. 635
shjz	←	gzfx	−0. 024	0. 022	−1. 116	0. 264	−0. 044
shfs	←	fwzl	0. 148	0. 080	1. 840	0. 066	0. 163
shfs	←	gxjz	0. 624	0. 110	5. 677	***	0. 373
shfs	←	gzfx	−0. 012	0. 020	−0. 590	0. 555	−0. 025
shfs	←	shjz	0. 360	0. 066	5. 430	***	0. 423
tyjz	←	gzfx	0. 017	0. 012	1. 430	0. 153	0. 058
tyjz	←	fwzl	0. 170	0. 047	3. 644	***	0. 306
tyjz	←	gxjz	0. 333	0. 071	4. 657	***	0. 324
tyjz	←	shfs	0. 195	0. 057	3. 390	***	0. 316
tyjz	←	shjz	0. 011	0. 038	0. 280	0. 78	0. 020
qgjz	←	gzfx	0. 013	0. 016	0. 778	0. 436	0. 030
qgjz	←	shjz	0. 035	0. 056	0. 618	0. 536	0. 044
qgjz	←	tyjz	0. 644	0. 140	4. 600	***	0. 426
qgjz	←	fwzl	0. 143	0. 072	1. 994	0. 046	0. 170
qgjz	←	shfs	0. 252	0. 091	2. 782	0. 005	0. 271
qgjz	←	gxjz	0. 009	0. 105	0. 085	0. 932	0. 006
xwqx	←	gzfx	−0. 026	0. 016	−1. 609	0. 108	−0. 069
xwqx	←	tyjz	0. 572	0. 125	4. 585	***	0. 443
xwqx	←	shfs	0. 432	0. 087	4. 948	***	0. 544
xwqx	←	fwzl	−0. 087	0. 062	−1. 392	0. 164	−0. 121
xwqx	←	qgjz	−0. 045	0. 080	−0. 558	0. 577	−0. 053
xwqx	←	shjz	0. 051	0. 044	1. 156	0. 248	0. 075
PS3	←	fwzl	1				0. 713
PS4	←	fwzl	0. 6	0. 059	10. 235	***	0. 530

家政服务业雇主行为倾向研究

续表

路径			Estimate	S. E.	C. R.	p	标准化的 Estimate
PR1	←	gzfx	1				1.057
PR2	←	gzfx	0.511	0.146	3.490	***	0.580
PB1	←	xwqx	1				0.705
PB2	←	xwqx	1.244	0.091	13.727	***	0.638
PB3	←	xwqx	1.234	0.082	15.117	***	0.726
PVM1	←	shfs	1				0.529
PVM2	←	shfs	0.705	0.071	9.959	***	0.579
PEJ1	←	shfs	1.096	0.108	10.164	***	0.601
PVF1	←	gxjz	1				0.642
PC3	←	gxjz	1.151	0.097	11.848	***	0.714
PC2	←	gxjz	1.039	0.093	11.130	***	0.602
PVS5	←	shjz	1				0.672
PVS3	←	shjz	1.49	0.077	19.409	***	0.887
PVS2	←	shjz	1.473	0.079	18.643	***	0.837
PVS1	←	shjz	1.271	0.072	17.745	***	0.788
PVE3	←	qgjz	0.808	0.059	13.736	***	0.686
PVE2	←	qgjz	1.204	0.095	12.626	***	0.609
PVE1	←	qgjz	1				0.697
PE1	←	tyjz	1				0.518
PE2	←	tyjz	1.190	0.110	10.80	***	0.616
PE4	←	tyjz	1.203	0.111	10.804	***	0.617
PE6	←	tyjz	1.176	0.108	10.888	***	0.625
PE7	←	tyjz	1.311	0.121	10.877	***	0.624
PC4	←	fwzl	0.548	0.060	9.179	***	0.460
PC1	←	shjz	0.786	0.066	11.835	***	0.502
fwzl	↔	gzfx	−0.208	0.060	−3.472	***	−0.164

注：*** 表示在 0.01 水平上显著。

资料来源：笔者根据调查数据进行统计并整理。

从表 5-23 可见，绝大部分路径系数在 0.01 水平上显著，如果以 0.05（即 p≤0.05）为置信水平，仍有 "gzfx→gxjz"（p=0.901）、"gxjz→qgjz"（p=0.925）、"tyjz→shjz"（p=0.91）等路径的 p 值大于 0.05，这些路径被视为不显著路径，需要进行删除操作，以优化结构方程初始模型。

为了方便对照结构方程模型优化前后的模型拟合情况，在优化初始模型之前，先计算出结构方程模型拟合指数如表 5-24 所示。

表 5-24　初始结构方程模型拟合指数

拟合指数	卡方值（自由度）	P	GFI	CFI	NFI	IFI	RMSEA	AIC	BCC	ECVI
结果	1085.47（297）	0	0.881	0.867	0.828	0.869	0.064	1247.47	1254.693	1.902

资料来源：笔者根据调查数据进行统计并整理。

从表 5-24 可以看出，卡方值为 1085.47，自由度为 297，CMIN/DF 的比率为 3.655，小于 5，GFI（0.881）、CFI（0.867）、NFI（0.828）、IFI（0.869）、RMSEA（0.05<0.064<0.08）等，各项模型拟合系数均比较合理，模型处于合理范围内，但与理想的拟合指标还有一定差距，说明模型需要进一步优化。

首先根据表 5-23 删除所有不显著项路径，删除不显著项后的结构方程模型如图 5-2 所示。

删除不显著项后的结构方程模型拟合指数如表 5-25 所示。

表 5-25　删除不显著项后的结构方程模型拟合指数

拟合指数	卡方值（自由度）	p	GFI	CFI	NFI	IFI	RMSEA	AIC	BCC	ECVI
结果	1354.729（312）	0.000	0.858	0.825	0.816	0.826	0.071	1486.729	1492.614	2.266

资料来源：笔者根据调查数据进行统计并整理。

从表 5-25 可以看出，卡方值为 1354.729，自由度为 312，CMIN/DF 的比率为 4.342<5，GFI（0.858）、CFI（0.825）、NFI（0.816）、IFI（0.826）、RMSEA（0.05<0.071<0.08），虽然部分拟合系数值比初始模型的拟合系数值有所下降，但均在可接受范围内，模型仍处于合理范围内，而且由于删除不显著

路径后，结构方程模型变得更加简洁、清晰，说明虽然部分拟合系数值有所下降，但这步操作是值得的。但是，由于部分指数与理想指数差距仍较大，模型还可以进一步优化。通过增加 M. I. 值最大项双向相关路径，使模型达到拟合度较好的状态。拟合后的结构方程模型如图 5-3 所示。

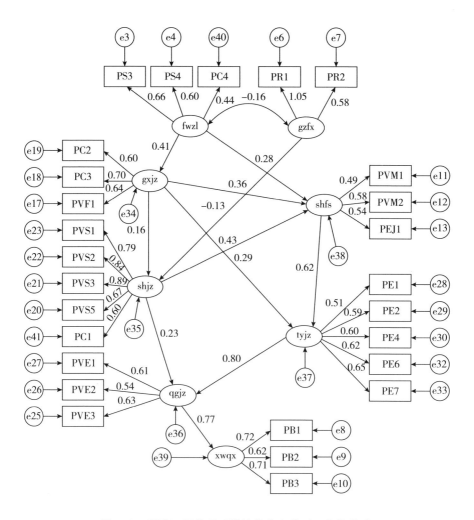

图 5-2　删除不显著项后的结构方程模型及参数估计

资料来源：笔者根据调查数据进行统计并绘制。

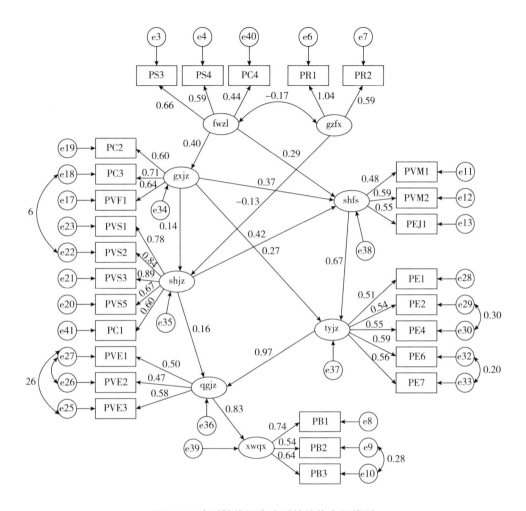

图 5-3 达到较优拟合度后的结构方程模型

资料来源：笔者根据调查数据进行统计并绘制。

从图 5-3 可见，增加部分误差项的双向影响路径，如："e29↔e30""e32↔e33""e9↔e10""e26↔e27""e25↔e27"，以及"e22↔e18"，经过简单处理后，模型达到较佳拟合度后。采用最大似然值法，对数据进行标准化，结构方程各路径系数参数估计值的最终数据展示如表 5-26 所示。

表 5-26 较优拟合模型的路径系数

路径			Estimate	S. E.	C. R.	p	标准化的 Estimate
gxjz	←	fwzl	0. 230	0. 040	5. 777	***	0. 395
shjz	←	gxjz	0. 278	0. 098	2. 848	0. 004	0. 141
shjz	←	gzfx	−0. 072	0. 031	−2. 356	0. 018	−0. 129
shfs	←	fwzl	0. 257	0. 061	4. 233	***	0. 294
shfs	←	gxjz	0. 561	0. 109	5. 152	***	0. 373
shfs	←	shjz	0. 320	0. 045	7. 060	***	0. 418
tyjz	←	gxjz	0. 278	0. 070	3. 975	***	0. 273
tyjz	←	shfs	0. 457	0. 066	6. 890	***	0. 673
qgjz	←	shjz	0. 091	0. 025	3. 622	***	0. 163
qgjz	←	tyjz	1. 046	0. 112	9. 305	***	0. 969
xwqx	←	qgjz	1. 045	0. 096	10. 938	***	0. 827
PS3	←	fwzl	1				0. 661
PS4	←	fwzl	0. 724	0. 085	8. 541	***	0. 593
PR1	←	gzfx	1				1. 041
PR2	←	gzfx	0. 528	0. 152	3. 480	***	0. 590
PB1	←	xwqx	1				0. 745
PB2	←	xwqx	0. 997	0. 088	11. 326	***	0. 538
PB3	←	xwqx	1. 040	0. 078	13. 368	***	0. 645
PVM1	←	shfs	1				0. 479
PVM2	←	shfs	0. 784	0. 084	9. 282	***	0. 586
PEJ1	←	shfs	1. 098	0. 122	8. 965	***	0. 547
PVF1	←	gxjz	1				0. 639
PC3	←	gxjz	1. 143	0. 096	11. 960	***	0. 706
PC2	←	gxjz	1. 036	0. 093	11. 149	***	0. 598
PVS5	←	shjz	1				0. 670
PVS3	←	shjz	1. 500	0. 078	19. 320	***	0. 890
PVS2	←	shjz	1. 488	0. 080	18. 626	***	0. 841
PVS1	←	shjz	1. 270	0. 072	17. 607	***	0. 785
PVE3	←	qgjz	0. 962	0. 078	12. 349	***	0. 581
PVE2	←	qgjz	1. 296	0. 119	10. 925	***	0. 466
PVE1	←	qgjz	1				0. 498

续表

路径			Estimate	S. E.	C. R.	p	标准化的 Estimate
PE1	←	tyjz	1				0.515
PE2	←	tyjz	1.047	0.104	10.021	***	0.539
PE4	←	tyjz	1.074	0.106	10.122	***	0.548
PE6	←	tyjz	1.108	0.105	10.538	***	0.586
PE7	←	tyjz	1.179	0.115	10.219	***	0.558
PC4	←	fwzl	0.569	0.075	7.636	***	0.444
PC1	←	shjz	0.780	0.067	11.679	***	0.496
fwzl	↔	gzfx	−0.191	0.056	−3.444	***	−0.166
e29	↔	e30	0.159	0.024	6.486	***	0.298
e32	↔	e33	0.106	0.024	4.331	***	0.199
e9	↔	e10	0.197	0.037	5.329	***	0.277
e18	↔	e22	0.065	0.022	3.011	0.003	0.158
e26	↔	e27	0.286	0.041	6.953	***	0.288
e25	↔	e27	0.144	0.023	6.216	***	0.265

注：*** 表示在 0.001 水平上显著。

资料来源：笔者根据调查数据进行统计并整理。

从表 5-26 可见，拟合后的结构方程各路径均在 0.001 水平上显著，说明拟合后的结构方程各路径所涉及的潜变量之间的影响关系是清晰和显著的。

达到拟合状态后的结构方程拟合系数如表 5-27 所示。

表 5-27　达到拟合的结构方程拟合系数

拟合系数	卡方值（自由度）	p	GFI	CFI	NFI	IFI	RMSEA	AIC	BCC	ECVI
结果	1158.857（306）	0.000	0.876	0.856	0.816	0.858	0.065	1302.857	1309.277	1.986

资料来源：笔者根据调查数据进行统计并整理。

从表 5-27 可以看出，卡方值为 1158.857，自由度为 306，CMIN/DF 的比值为 3.787 < 5，GFI（0.876）、CFI（0.856）、NFI（0.816）、IFI（0.858）、RMSEA（0.05 < 0.065 < 0.08），虽然部分拟合系数值仍不及初始模型的拟合系数

值，但均在可接受范围内，模型合理性处于可接受范围内。以上评价数据显示，模型中其余各项指标均已达到较佳拟合状态。从表5-26、表5-27可知，达到拟合状态的所有路径 p 均为 0.000<0.005，表明其在 0.001 水平上均显著。同时，说明结构方程协方差与样本数据协方差非常接近，也就是说，结构方程模型可以较好地解释样本数据，表明结构方程的拟合性操作较有效。

5.5　模型解释

在对拟合模型最终计算数据进行标准化的情况下，对表5-26进行数据整理，应用最大似然法，可以梳理出各个影响因子对形成消费者购买行为倾向产生的总体影响效应、直接影响效应和间接影响效应。

同时可以计算出根据拟合后的模型路径设计的各潜变量（因子、维度）之间的总体影响效应、直接影响效应和间接影响效应。如表5-28所示。

表5-28　标准化后的前因变量、感知价值变量对行为倾向影响效应

变量	影响效应	gzfx	fwzl	gxjz	shjz	shfs	tyjz	qgjz
功效价值 （gxjz）	直接效应		0.395					
	间接效应							
	总效应		0.395					
社会价值 （shjz）	直接效应	-0.129		0.141				
	间接效应		0.056					
	总效应	-0.129	0.056	0.141				
生活方式 价值 （shfs）	直接效应		0.294	0.373	0.418			
	间接效应	-0.054	0.171	0.059				
	总效应	-0.054	0.464	0.432	0.418			
体验价值 （tyjz）	直接效应			0.273		0.673		
	间接效应	-0.036	0.420	0.291	0.282			
	总效应	-0.036	0.420	0.563	0.282	0.673		

续表

变量	影响效应	gzfx	fwzl	gxjz	shjz	shfs	tyjz	qgjz
情感价值 （qgjz）	直接效应				0.163		0.969	
	间接效应	-0.056	0.416	0.569	0.273	0.652		
	总效应	-0.056	0.416	0.569	0.436	0.652	0.969	
行为倾向 （xwqx）	直接效应							0.827
	间接效应	-0.047	0.344	0.470	0.360	0.539	0.801	
	总效应	-0.047	0.344	0.470	0.360	0.539	0.801	0.827

资料来源：笔者根据调查数据进行统计并整理。

由表5-28可知：

情感价值（qgjz）对行为倾向（xwqx）的直接影响效应达到82.7%，总效应达到82.7%。说明每提升1个单位的情感价值，便可提升0.827个单位的雇主行为倾向。

体验价值（tyjz）对行为倾向（xwqx）的间接影响效应达到80.1%；对情感价值（qgjz）的直接影响效应达到96.9%。说明每提升1个单位的体验价值，便可提升0.969个单位的雇主情感价值，进而提升0.81个单位的雇主行为倾向。

社会价值（shjz）对行为倾向（xwqx）的间接影响效应达到36.0%；对生活方式价值的直接影响效应为41.8%，对情感价值（qgjz）的直接影响效应达到16.3%。说明每提升1个单位的社会价值，便可直接提升0.418个单位的雇主生活方式价值和0.163个单位的情感价值，进而提升0.36个单位的雇主行为倾向。

生活方式价值（shfs）对行为倾向（xwqx）的间接影响效应达到53.9%；对情感价值（qgjz）的间接影响效应达到65.2%。说明每提升1个单位的体验价值，便可间接提升0.652个单位的雇主情感价值，进而提升0.539个单位的雇主行为倾向。

功效价值（gxjz）对行为倾向（xwqx）的间接影响效应达到47.0%；对社会价值（shjz）的直接影响效应达到14.1%；对生活方式价值（shfs）的直接影响效应达到37.3%，间接效应为5.9%；对体验价值（tyjz）的直接影响效应达到27.3%，间接效应为29.1%；对情感价值（qgjz）的间接影响效应达到56.9%，间接效应为13.1%。说明每提升1个单位的功效价值，便可直接提升0.141个单位的雇主社会价值、0.373个单位的生活方式价值、0.273个单位的体验价值，间接提升0.569个单位的雇主情感价值，进而提升0.470个单位的雇主行为倾向。

服务质量（fwzl）对行为倾向（xwqx）的间接影响效应达到34.4%；对功效价值（gxjz）的直接影响效应达到39.5%；对社会价值（shjz）的间接影响效应达到5.6%；对生活方式价值（shfs）的直接影响效应为29.4%，间接影响效应为17.1%；对体验价值（tyjz）的间接影响效应达到42.0%；对情感价值（qgjz）的间接影响效应达到41.6%。说明每提升1个单位的家政服务质量，便可直接提升0.395个单位的功效价值、0.294个单位的家政雇主社会价值，间接提升0.56个单位的社会价值、0.171个单位的生活方式价值、0.42个单位的体验价值、0.416个单位的雇主情感价值，进而提升0.344个单位的雇主行为倾向。

感知风险（gzfx）对行为倾向（xwqx）的间接负向影响效应达到-4.7%；对社会价值（shjz）的直接负向影响效应达到-12.9%。对生活方式价值（shfs）的直接负向影响效应达到-5.4%。对体验价值（tyjz）的间接负向影响效应达到-3.6%。对情感价值（qgjz）的间接负向影响效应达到-5.6%。说明每增加1个单位的感知风险，就会直接降低0.129个单位的社会价值，间接降低0.054个单位的社会价值、0.036个单位的生活方式价值、0.056个单位的体验价值、0.056个单位的雇主情感价值，进而降低0.344个单位的雇主行为倾向。

5.6 人口统计变量多群组调节效应分析

本书第3章相关理论基础与研究假设中已经详细回顾和阐述了人口统计变量不同群组在消费者感知价值及购买行为倾向产生过程中的影响作用和调节作用，并针对家政服务业雇主感知价值和购买行为形成机制的研究提出了H13、

H14 两个重要的研究假设。其中，H13：不同人口统计变量对家政雇主感知价值各影响因素和构成维度及购买行为倾向具有显著影响；H14：人口统计变量不同群组在家政服务雇主购买行为形成的各主要路径上的调节作用具有显著差异。

因而，本章需要针对选取的 8 个有可能具有调节作用人口统计变量，分析其不同群组在主要结构方程路径上的调节作用。这 8 个人口统计变量分别是：性别、年龄、受教育层次、月收入、职业、家务频率、购买次数、家庭构成。按照前文分析，受人口统计变量不同群组调节的主要路径包括四条：服务质量→功效价值、服务质量→经验价值、感知风险→情感价值、情感价值→购买行为倾向。

为找出最适配的路径模型，对预设模型、测量加权模型、结构加权模型、结构误差模型和测量误差模型进行结果适配度分析，并找出简约模型。对调查数据进行人口统计变量多群组分析，得出多群组模型的 CFI 值均大于 0.87、IFI 值均大于 0.87、NFI 值均大于 0.863、GFI 均大于 0.85，MSEA 值均基本小于适配临界值 0.08，这些指标均说明多群组分析模型与样本数据适配情况良好。具体结果如表 5-29 所示。

表 5-29　多群组分析估计结果

路径	性别			年龄		
	男	女	简约模型	低龄	高龄	简约模型
行为←情感	0.798 ***	0.798 ***	测量误差	0.800 ***	0.800 ***	测量误差
情感←风险	-0.149 ***	-0.149 ***	测量误差	-0.134 ***	-0.149 ***	结构加权
功效←质量	0.497 ***	0.497 ***	测量误差	0.456 **	0.505 ***	结构加权
经验←质量	0.683 ***	0.683 ***	测量误差	0.704 **	0.704 ***	结构误差

路径	教育			收入		
	低教	高教	简约模型	低收	高收	简约模型
行为←情感	0.798 ***	0.798 ***	测量误差	0.754 ***	0.818 ***	测量加权
情感←风险	-0.151 ***	-0.151 ***	测量误差	-0.125 ***	-0.160 ***	结构加权
功效←质量	0.145 ***	0.509 ***	预设模型	0.484 ***	0.495 ***	测量加权
经验←质量	0.680 ***	0.680 ***	测量误差	0.760 ***	0.618 ***	结构加权

续表

路径	职业			家务频率		
	国有	私有	简约模型	低频	高频	简约模型
行为←情感	0.797***	0.797***	测量误差	0.797***	0.797**	结构误差
情感←风险	−0.152***	−0.152***	测量误差	−0.153**	−0.153***	结构误差
功效←质量	0.145***	0.439	预设模型	0.492**	0.492***	结构误差
经验←质量	0.799***	0.088***	预设模型	0.675**	0.675***	结构误差

路径	购买次数			家庭构成		
	少次	多次	简约模型	简单	复杂	简约模型
行为←情感	0.744***	0.817***	结构加权	0.797***	0.797***	测量误差
情感←风险	−0.110**	−0.139**	结构加权	−0.139**	−0.178***	测量加权
功效←质量	0.497**	0.497***	结构加权	0.539***	0.362***	预设模型
经验←质量	0.713***	0.676***	结构加权	0.693***	0.677***	预设模型

注：*表示 $p < 0.05$，**表示 $p < 0.01$，***表示 $p < 0.001$。

资料来源：笔者根据调查数据进行统计并整理。

从表5-29可见，本章所涉及的人口统计变量对经过研究假设关键路径均有显著的调节作用，但针对同一路径，不同人口统计变量的调节作用各有不同，而同一人口统计变量的不同群组对同一路径的调节作用也可能存在显著差异。

针对情感价值对购买行为倾向的正向影响路径，收入较高的雇主群体（β = 0.818，$p < 0.001$）略高于收入较低的群体（β = 0.754，$p < 0.001$），这是由于收入低的群体主要会考虑到产品或服务价格，有的时候为了低价格，而忽视上述的因素。相反，高收入群体不太注重价格，所以更倾向于上述这些因素。购买次数少的雇主群体（β = 0.817，$p < 0.001$）比购买次数多的雇主群体（β = 0.744，$p < 0.001$）影响更明显，说明购买次数少的雇主因为接触的企业较少，更容易得到舒适感和愉悦感方面的满足，因而更容易形成购买行为倾向。其余人口统计变量群组对该路径的调节性影响作用在 $p < 0.001$ 水平下均显著，但不同群组间的调节效应并无显著差异。

在感知风险对情感价值呈负向影响的路径中，年龄较高的群体（β = −0.149，$p < 0.001$）比年龄较低的群体（β = −0.134，$p < 0.001$）影响效应更大，这是因为年龄较高群体的情感依赖性更强、更加感性，也更看重情感满足；

而年龄较低者思想较前卫，购买行为一般不易受情感影响。收入较高者（β＝-0.16，p<0.001）比收入较低者（β＝-0.125，p<0.001）影响效应更大，这是因为收入较高的群体情感依赖性更强，往往购买时选择价格更高的产品和服务，他们更相信一分价钱一分货，因而更看重情感满足；而收入较低者的风险意识更强，更担心收不到心理期望的性价比，购买行为一般不易受情感影响。购买次数少的群体（β＝-0.11，p<0.01）比购买次数多的群体（β＝-0.139，p<0.01）影响更显著，原因主要是购买次数越多，可能遇到和了解到的风险更多，因而对能掌控风险的企业更容易产生情感依赖；家庭构成复杂的群体（β＝-0.178，p<0.001）比家庭构成简单的群体（β＝-0.139，p<0.01）影响更大，这主要是由于家庭构成较复杂的群体，需求更多，如果家里有老人和孩子，雇主会更关注风险的存在，因而对能掌控风险的企业更容易产生情感依赖。其余人口统计变量不同群组对该路径的影响并无显著差异。

在服务质量对功效价值正向影响的路径中，年龄较高的雇主群体（β＝0.505，p<0.001）比年龄较低的雇主群体（β＝0.456，p<0.01）影响更显著，是因为年龄较高的群体阅历更丰富，因而更看重产品或服务本身具备的功能，所以他们更相信家政服务的质量的好坏会对服务本身为其带来的功效更明显。受过较高教育的群体（β＝0.509，p<0.001）比受教育层次较低的群体（β＝0.145，p>0.001）影响更显著，这是因为受过较高层次教育的人群更关注家政服务的质量以及为其带来的核心利益。收入高的群体（β＝0.495，p<0.001）比收入低的群体（β＝0.484，p<0.001）影响显著性略高，主要是由于随着收入的增加，雇主更加关注服务的品质；国有单位的雇主群体（β＝0.145，p<0.001）显著低于私有单位的群体（β＝0.439，p<0.001），这是由于私有单位的雇主比国有单位的群体更看重功效；家庭构成较简单的雇主群体（β＝0.539，p<0.001）比家庭构成较复杂的雇主群体（β＝0.362，p<0.001）影响更显著，主要是由于家庭构成简单的雇主考虑的相关问题比较少，他们更在意服务带来的功效，随着家庭构成复杂度的增加，特别是在有孩子和老人同住的情况下，他们更在意服务质量。其余人口统计变量群组对该路径的调节效应无显著差异。

针对服务质量对雇主感知经验价值的正向影响路径中，收入较低的雇主群体（β＝0.76，p<0.001）比收入较高的雇主群体（β＝0.618，p<0.001）影响

更显著，主要由于收入较低的雇主更希望付出一分钱就能得到超出一分钱的回报；国有单位的雇主群体（β=0.799，p<0.001）比私有单位的雇主群体（β=0.088，p<0.001）影响更显著，这主要是由于国有单位的群体更在乎通过高质量的服务获得与其自身形象相符合的知识的积累；购买次数少的雇主群体（β=0.713，p<0.001）比购买次数多的雇主群体（β=0.676，p<0.001）影响更显著，这主要是由于购买次数较少的雇主更希望尽快积累家政服务的相关知识，在经验较少的时候，他们更多地凭公司或服务人员的服务质量，主要是态度、礼貌等来进行判断和选择，但是随着购买次数的增加，雇主已经了解到服务质量的优劣体现在哪些方面，更有助于其购买到满意的产品，而此时企业和服务人员的态度、礼貌等并不一定能打动他们。家庭构成简单的雇主群体（β=0.693，p<0.001）比家庭构成复杂的雇主群体（β=0.677，p<0.001）影响更明显，这主要是因为家庭构成复杂的群体需要考虑的因素更多，购买的服务项目也相对较多，已经积累了足够多的知识，此时，他们更关注什么样的服务质量才能真正满足家庭内更多样化的需要；而家庭构成较简单的雇主群体购买家政服务的项目也相对较少，并不需要积累太多的经验和知识。其余人口统计变量群组对该路径的影响无显著差异。

5.7　本章小结

本章内容是在搜集数据后，应用 SPSS 20.0 软件和 AMOS 23.0 软件对数据进行分析，目的是验证假设是否成立，分析确定拟合模型，并计算出各变量对因变量（购买行为倾向）的影响效应、各个外生变量对内生变量的影响效应、各个内生变量之间的影响效应。

针对数据分析，首先检验了数据的信效度，删除了不显著项（主要是购买价格变量、生活方式价值变量），并根据现实情况重新调整了观测变量的归属，在信效度皆满足进一步分析的基础上，建立了初始结构方程模型，计算并研究了初始结构方程的拟合指数，发现各项指标均在可接收范围内。

其次在不影响各变量及路径显著性的基础上，对模型进行了必要的简单优化，使各项拟合指数达到较优状态，继而计算出各变量之间的直接影响效应、间接影响效应和总效应。

　　最后根据研究假设，验证了 8 个人口统计变量不同群组在家政服务购买行为倾向形成过程中的主要路径的调节效应是否存在差异性，并对其原因进行了分析。

6 研究结论与展望

本章将对数据分析相关结果进行总结、评价，归纳出研究过程中的新发现并最终确定理论模型，继而提出对相关理论的完善和扩展做出的贡献，同时，提出研究成果对实践的启示作用，最后对本书可能存在的不足进行总结，并对可以在未来进一步展开研究的方向和可能取得的成果进行展望。

6.1 研究结论

6.1.1 人口统计变量对各变量影响的结论

根据表 5-13~表 5-22 可知，研究假设"H13：不同人口统计变量对家政雇主感知价值各影响因素和构成维度及购买行为倾向均具有显著影响"得到了验证。具体结论为：

（1）家政服务雇主感知经验价值主要受到购买次数影响。其中，购买次数越多，其因经验积累带来的购买知识和能力越高。这也说明以往学者用购买次数代替购买经验用于研究具有一定的道理。

（2）家政服务雇主感知社会价值主要受到职业、收入影响。其中，国有单位的工作人员对因家政服务带来的社会价值需求更高；收入越高，越容易形成其因家政服务带来的社会价值需求。

（3）家政服务雇主感知情感价值主要受购买次数的影响。其中，购买次数越多，越容易形成其对家政服务企业或品牌的情感价值。

（4）家政服务雇主行为倾向主要受到性别、收入和购买次数的影响。其中，女性行为倾向性更显著；收入越高，行为倾向越明显；购买次数越多，其家政服务购买行为倾向性越明显。

6.1.2 各变量间影响关系假设检验的结论

根据结构方程模型解释，本章对研究假设作出如表 6-1 所示的研究结论。

表 6-1 研究假设检验结果

序号	假设	结论
H1	雇主感知服务质量对感知价值具有显著的正向影响	接受
H1a	雇主感知服务质量对经验价值具有显著的正向影响	接受，直接相关
H1b	雇主感知服务质量对功效价值具有显著的正向影响	接受，直接相关
H1c	雇主感知服务质量对社会价值具有显著的正向影响	接受，间接相关
H1d	雇主感知服务质量对情感价值具有显著的正向影响	接受，间接相关
H1e	雇主感知服务质量对生活方式价值具有显著的正向影响	不接受，未验证
H1f	雇主感知服务质量对体验价值具有显著的正向影响	接受，间接相关
H2	感知购买价格对家政雇主感知价值具有显著的负向影响	不接受，未验证
H2a	雇主感知价格对经验价值具有显著的负向影响	不接受，未验证
H2b	雇主感知价格对功效价值具有显著的负向影响	不接受，未验证
H2c	雇主感知价格对社会价值具有显著的负向影响	不接受，未验证
H2d	雇主感知价格对情感价值具有显著的负向影响	不接受，未验证
H2e	雇主感知价格对生活方式价值具有显著的负向影响	不接受，未验证
H2f	雇主感知价格对体验价值具有显著的负向影响	不接受，未验证
H3	雇主感知风险对感知价值具有显著的负向影响	部分接受
H3a	雇主感知风险对经验价值具有显著的负向影响	不接受
H3b	雇主感知风险对功效价值具有显著的负向影响	不接受
H3c	雇主感知风险对社会价值具有显著的负向影响	不接受
H3d	雇主感知风险对情感价值具有显著的负向影响	接受，直接相关
H3e	雇主感知风险对生活方式价值具有显著的负向影响	不接受，未验证
H3f	雇主感知风险对体验价值具有显著的负向影响	不接受

续表

序号	假设	结论
H4	雇主家政服务感知价值对其购买行为倾向具有显著的正向影响	接受
H4a	雇主对家政服务经验价值的感知对其购买行为倾向具有显著的正向影响	接受，间接相关
H4b	雇主对家政服务功效价值的感知对其购买行为倾向具有显著的正向影响	接受，间接相关
H4c	雇主对家政服务社会价值的感知对其购买行为倾向具有显著的正向影响	接受，间接相关
H4d	雇主对家政服务的情感价值感知对其购买行为倾向具有显著的正向影响	接受，直接相关
H4e	雇主对家政服务生活方式价值的感知对其购买行为倾向具有显著的正向影响	未验证
H4f	雇主对家政服务体验价值的感知对其购买行为倾向具有显著的正向影响	接受，间接相关
H4g	家政雇主感知体验价值正向影响其感知情感价值	接受，间接相关
H5	雇主感知服务质量对其家政服务购买行为倾向具有显著的正向影响	接受，间接相关
H6	雇主感知价格高低对家政服务购买行为倾向具有显著的负向影响	不接受，未验证
H7	雇主的感知风险预期对其家政服务购买行为倾向具有显著的负向影响	不接受
H8	雇主对家政服务的感知功效对其他感知价值维度具有正向影响	接受
H8a	雇主感知功效对雇主感知社会价值具有显著的正向影响	不接受，负相关
H8b	雇主感知功效对雇主感知情感价值具有显著的正向影响	接受，间接相关
H8c	雇主感知功效对雇主生活方式价值具有显著的正向影响	不接受，未验证
H8d	雇主感知功效对雇主感知体验价值具有显著的正向影响	接受，直接相关
H8e	雇主感知功效对雇主经验价值具有显著的正向影响	接受
H9	雇主经验价值对其他家政服务感知价值维度具有显著的正向影响	部分接受
H9a	雇主经验价值对社会价值具有显著的正向影响	接受，间接相关
H9b	雇主经验价值对情感价值具有显著的正向影响	接受，直接相关
H9c	雇主经验价值对生活方式价值具有显著的正向影响	不接受，未验证
H9d	雇主经验价值对体验价值具有显著的正向影响	接受，直接相关
H10	雇主社会价值对其他家政服务感知价值维度具有显著的影响	部分接受
H10a	雇主社会价值对情感价值具有显著的正向影响	接受，直接相关
H10b	雇主社会价值对生活方式价值具有显著的正向影响	不接受，未验证
H11	雇主体验价值对其他感知价值维度具有显著的正向影响	部分接受
H11a	雇主体验价值对情感价值具有显著的正向影响	接受，直接相关
H11b	雇主体验价值对生活方式价值具有显著的正向影响	不接受，未验证
H11c	雇主体验价值对社会价值具有显著的正向影响	不接受
H12	雇主生活方式价值对情感价值具有密切的正向影响	不接受，未验证

序号	假设	结论
H13	不同人口统计变量对家政雇主感知价值各影响因素构成维度及购买行为倾向均具有显著影响	接受
H14	人口统计变量不同群组在家政服务雇主购买行为形成的各主要路径上的调节作用具有显著差异	接受

资料来源：笔者根据调查数据进行统计并整理。

表6-1中"接受"表示研究假设通过验证，假设成立；"部分接受"表示二阶变量中部分维度的研究假设通过验证，部分假设成立；"不接受"表示研究假设验证未通过，假设不成立；"不接受，未验证"表示观测变量未通过信效度检验，因而，未对其进行相关性检验和结构方程的路径拟合，本书中主要包含购买价格和生活方式价值的所有相关研究假设。

从表6-1可以得到以下研究结论：

在家政服务业中，服务质量和感知风险均对雇主感知价值产生相应的影响作用，并以感知价值作为中介变量进一步对雇主行为倾向的形成产生影响。同时，本书验证了感知价值是雇主对购买和使用产品或服务的过程利得与利失的权衡，进一步实证了以往学者关于感知价值的研究结论在家政服务业中同样适用。但是，在本书中服务质量只对感知价值的经验价值和功效价值两个维度产生正向的直接影响，其影响效果非常显著，对其他感知价值的其他维度影响并不显著，而感知风险只对感知价值的情感价值二阶变量产生显著的负向影响，对其他感知价值维度的影响并不显著。

本书进一步验证了以往学者关于顾客感知价值是行为倾向直接影响因素的结论，并实证了该结论在家政服务业中同样成立。

本书通过实证分析，证明了家政服务业顾客感知价值各维度之间并不是简单的并列关系，而是在各维度之间存在明显的价值传递关系，他们之间相互影响甚至相互交叉，呈网状的相关性关系，因而形成一个复杂的"感知价值链"，甚至是"感知价值网"。

在家政服务业中，"感知价值链"以消费者对功效价值的感知为源头，通过形成经验价值、体验价值、社会价值，最终与感知风险相结合形成情感价值，并以情感价值为完全中介变量，进而对行为倾向的形成产生正向影响。也就是说，雇主感知到的风险越大，其购买和消费过程中可能获得的功效价值、经验价值、体验价值、社会价值等产生的愉悦感越会受到干扰，进而负向影响其购买行为倾向的产生。

本书证实了情感价值是最终形成家政服务雇主购买行为倾向的关键因素，也就是说，即便家政服务企业的服务质量再高、产品功效再强、消费者经验再丰富、服务带给雇主的社会认可度再高、体验感再舒适，只要雇主不能因为购买获得足够的愉悦感和情感共鸣，其再次购买、溢价购买和向他人推荐购买的行为倾向都会受到很大阻碍。

6.1.3　基于人口统计变量的多群组调节效应差异分析的结论

根据前文的分析，针对"H14：人口统计变量不同群组在家政服务雇主购买行为形成的各主要路径上的调节作用具有显著差异"的研究结论为：多群组分析结果表明，性别、年龄、职业、收入、受教育层次、家务频率、购买次数和家庭构成状况等调节变量对 4 个主要路径的影响的确存在较大的调节效应差异。

6.1.4　未通过假设检验的研究假设的讨论

根据如表 6-1 所示的未通过检验的研究假设分析如下：

家政服务雇主感知风险对经验价值、功效价值、社会价值、体验价值等感知价值维度以及购买行为倾向影响均不显著，说明从雇主的角度来看，以上感知价值维度主要由企业或服务人员提供的产品或服务质量引起。而对风险的感知则是由信息不对称导致的雇主自身对风险发生和可控性没有足够的把握，同时，还因为家政服务业中发生的严重事件毕竟是极少数，只要能有效防止被感知到的风险发生或影响可控，就不太妨碍其购买行为的产生。

关于感知功效对社会价值呈负相关关系（直接影响效应为-28.9%），说明在雇主看来，功效价值是企业和产品提供的核心功能，也就是家政服务能帮助雇主解决的生活和工作中遇到的实际困难，体现的是实际所得的问题。而社会价值主要反映的是雇主在购买和使用过程中产生的心理满足感，解决的是心理所得的问题。从常理来看，就算功效价值不会引起雇主得到更多的社会认可，也不会呈负向影响的关系。而本书的研究结果则进一步说明了在目前绝大部分中国人的意识中，家政就等同于家务劳动，而家务劳动应该是自己的事，不该交给他人来做，如果被他人知道自己购买了家政服务，不仅不会提升自己的社会形象，反而不被周围人接受。这在目前的社会现实中的确大量存在。

关于顾客体验价值对社会价值正相关影响不显著，是因为体验价值在购买和使用过程中，家政服务活动本身给雇主带来的身心舒适程度，而社会价值是因为雇主在购买和使用家政服务过程中得到社会评价后对自身的满意度，前者是被动的感受，后者则是主动的认知。因而两者之间的确不存在显著相关性。

6.1.5　关于购买价格未通过信度检验的讨论

本书发现，在目前的家政服务行业中，雇主更关注家政服务公司为其提供的服务质量，以及雇主自身对风险的感知状况。同时，对不同购买能力的雇主而言，适合其自身实际情况的服务产品才是最好的，但不同的企业提供产品或服务的内容、方式并不相同，因而其价格并没有较明显的可比性，所以雇主对价格也没有形成统一的评价标准，导致有关购买价格的数据可靠性较低。在表5-17中收入水平分组的均值比较也可看出不同收入水平的雇主只对感知风险、社会价值和行为倾向的影响存在明显差异，对服务质量、感知功效、经验价值和体验价值的影响均不明显，这也在一定程度上说明了价格并不是雇主考虑的主要问题。

从表6-2可见，选择价格的人数只有88人，所占比例为13.4%，而各项与服务质量有关的因素，除A10i（快速）为12.8%外，其余均远远高于价格因素。这就进一步证明了，在家政服务行业中，价格并不是影响购买行为倾向的重要因素。

表6-2　家政服务业质量属性重要性统计

题项		频率	百分比（%）	有效百分比（%）	累计百分比（%）
A10a（诚信）	未选中	254	38.7	38.7	38.7
	选中	403	61.3	61.3	100

题项		频率	百分比（%）	有效百分比（%）	累计百分比（%）
A10b（安全）	未选中	374	56.9	56.9	56.9
	选中	283	43.1	43.1	100
A10c（服务周到）	未选中	265	40.3	40.3	40.3
	选中	392	59.7	59.7	100
A10d（专业）	未选中	274	41.7	41.7	41.7
	选中	383	58.3	58.3	100
A10e（合理定价）	未选中	569	86.6	86.6	86.6
	选中	88	13.4	13.4	100
A10f（关注细节）	未选中	423	64.4	64.4	64.4
	选中	234	35.6	35.6	100
A10g（口碑好）	未选中	427	65	65	65
	选中	230	35	35	100
A10h（高效）	未选中	390	59.4	59.4	59.4
	选中	267	40.6	40.6	100
A10i（快速）	未选中	573	87.2	87.2	87.2
	选中	84	12.8	12.8	100
A10j（服务员素质高）	未选中	278	42.3	42.3	42.3
	选中	379	57.7	57.7	100
A10k（客户利益至上）	未选中	464	70.6	70.6	70.6
	选中	193	29.4	29.4	100
A10l（朋友也在购买）	未选中	633	96.3	96.3	96.3
	选中	24	3.7	3.7	100
A10m（其他）	未选中	654	99.5	99.5	99.5
	选中	3	0.5	0.5	100

资料来源：笔者根据调查数据进行统计并整理。

6.1.6 关于生活方式价值未通过信度检验的讨论

关于生活方式价值未通过信度检验的问题，主要是因为从目前国内绝大多数消费者购买家政服务的出发点来看，更主要的是为了减轻家务劳动的压力，对生活方式并无太多概念，这是由于在传统中国人的消费观念中，大多认为家务是自己应该承担的责任。这也说明了，目前人们对家政服务的理解还主要停在传统的认知层面，基本将家政等同于保洁、保姆、护理等层面，对"新家政"的含义还有待进一步普及和推广，以帮助更多消费者理解和认知。这从统计数据可以看出，在问卷选择题题项 A9"您认为家政服务项目应该包括"中，其统计结果如表 6-3 所示。

表 6-3　家政服务内容重要性统计

题项		频率	百分比（%）	有效百分比（%）	累计百分比（%）
A9a（保姆）	未选中	151	23	23	23
	选中	506	77	77	100
A9b（清洁工）	未选中	45	6.8	6.8	6.8
	选中	612	93.2	93.2	100
A9c（钟点工）	未选中	103	15.7	15.7	15.7
	选中	554	84.3	84.3	100
A9d（家教）	未选中	459	69.9	69.9	69.9
	选中	198	30.1	30.1	100
A9e（维修工）	未选中	266	40.5	40.5	40.5
	选中	391	59.5	59.5	100
A9f（保镖）	未选中	626	95.3	95.3	95.3
	选中	31	4.7	4.7	100
A9g（管家）	未选中	526	80.1	80.1	80.1
	选中	131	19.9	19.9	100
A9h（护理工）	未选中	280	42.6	42.6	42.6
	选中	377	57.4	57.4	100
A9i（其他）	未选中	650	98.9	98.9	98.9
	选中	7	1.1	1.1	100

资料来源：笔者根据调查数据进行统计并整理。

从表 6-3 可见，各项家政业务中，保姆、清洁工、钟点工、维修工、护理工被选中的比率分别为 77%、93.2%、84.3%、59.5%、57.4%，均被半数以上样本选中，其余各项均未过半数，而且在未过半数的样本中，最高值为 A9d（家教），也仅占 30.1%，其余与生活方式有关的（如保镖、管家）所占比例更低。

可见，目前中国家政服务雇主对生活方式价值的认识仍比较模糊，需求也不清晰, 所以导致调查对象在回答问卷时没有清晰的概念。而在本书的问卷中, 生活方式价值维度由两个观测变量"家务活就要交给家政公司做, 我应该做自己的事"和"购买家政服务可以让您更好地享受生活"构成, 其影响性不显著也进一步说明, 对于目前绝大多数雇主而言, 购买家政服务实属不得已, 而非出于满足生活方式的需要, 或是出于对改善生活品质的需要。

6.1.7 研究发现

本书主要有以下几个发现:

第一, 和以往多数学者在其他行业或产业中的研究结论不同的是, 在家政服务业中, 情感价值才是本书所涉及的所有感知价值各维度中对购买行为倾向影响效应最大和最直接的因素。

第二, 和以往多数学者在感知价值应用研究结论不同的是, 本书发现并实证了涉及的感知价值各维度之间存在网状的"感知价值链"关系, 而非简单并列关系。

第三, 和以往多数学者研究结论不同的是, 本书发现因购买次数积累起来的购买经验产生的经验价值不仅对感知价值引起的行为倾向具有调节效应, 更重要的是在家政服务业中, 经验价值是服务质量和功效价值形成社会价值与体验价值过程中的中介变量。

第四, 和其他大多数行业相比较, 不同的是家政服务业的雇主情感价值获得感是其购买行为最重要、最直接的影响因素; 感知风险直接影响的是雇主的情感价值, 对其他感知价值维度的影响并不显著, 也不直接影响雇主购买行为。而服务质量和感知风险并不都对感知价值所有维度同时产生影响。服务质量只是因为形成并影响了功效价值和经验价值, 在进一步形成并影响社会价值和体验价值的情况下, 才与感知风险相权衡后间接导致雇主情感价值的被动形成。这个结论在其他行业感知价值的现有研究中尚未出现。这说明, 在家政服务业中, 因不确定性引发的感知风险被反映在雇主的心理方面, 它会弱化因功效价值、社会价值、经验价值和体验价值引起的雇主情感共鸣 (如兴趣、愉悦、有趣等心情或态度), 因而, 可以将家政服务业情感价值用公式 "EV = PV′ - PR" 表示, 其中"EV"表示情感价值, "PV′"表示除情感价值外的其他感知价值之和，"PR"表示感知风险。当 PV′-PR>0 时，表示其他感知价值的总和会掩盖雇主对不确定性产生的焦虑或恐惧，这个值越大，购买行为倾向就越有可能产生，反之，购买行为倾向就越不会产生，而当 PV′-PR 等于 0 或越接近于 0 时，雇主则可能表现得拿不定主意，并在该企业与其他企业之间进行比较、选择。这里，情感价值的计算可以通过加权平均数法完成，"PV′""PR"均可通过打分，结合影响效应表数值求得。

第五，结论中表明了感知风险对情感价值存在显著的负相关，说明在雇主看来，感知风险主要与雇主心理有关。这也进一步证明了以前学者关于感知风险所映射的是由于不确定性引起的消费者心理紧张的结论。

第六，从本书的研究结论中可以看出雇主对服务质量的认知正向影响雇主的经验价值，进而影响到雇主对自身社会认可度的评价和对体验价值的感知度，并在影响情感价值的基础上进一步影响其购买行为倾向。这与产品或服务本身的功能并无显著关系。说明雇主购买的也并不完全是家政服务某一项目的质量和功能，更看重的是这一质量和功能能否转化为雇主的情感价值。

第七，和传统观念不同的是，目前的家政服务功效价值对社会价值并不呈正向关系，而是呈负相关关系，这主要是由于在受传统观念影响的中国家庭里，绝大部分人普遍将家政等同于家务活，评价一个人是否贤惠或勤俭持家，就要看其会不会做家务，做得好不好。这也进一步说明了家政业和其他行业存在较大区别。

6.1.8 定型后的理论模型

通过对前述研究假设的实证分析及得出的相关研究结论，本书最终将理论框架定性为如图 6-1 所示的基于感知价值理论的家政服务业雇主购买行为倾向形成的机制模型，因其感知价值各维度间确实存在相互交织的价值传递和影响关系，并在此基础上形成的链状结构，因而本书将其称为家政服务业的"雇主感知价值链"模型。

在图 6-1 中，服务质量和感知风险并不是单独对感知价值产生影响，而是因雇主对服务质量和感知风险进行权衡后才形成了感知价值。在感知价值内部各维度之间，也不是独立存在的并列关系，而是由服务质量引起的雇主对功效价值和经验价值的感知，进而衍生出社会价值和体验价值，并进一步提升了雇主对企业和服务的情感共鸣，如产生好感等情绪。由于不确定带来的雇主感知风险却在一定程度上阻滞了雇主形成对企业和服务的情感依赖，如产生拒绝信任等情绪。

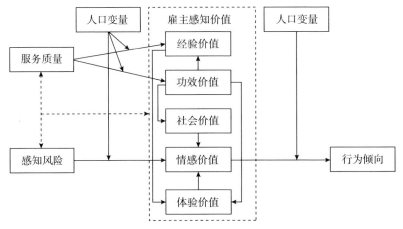

图 6-1　基于感知价值理论的家政服务业雇主购买行为倾向形成的机制模型

资料来源：笔者根据研究结论绘制而成。

最终，因雇主产生情感依赖度和共鸣度，决定了其购买行为倾向，即是否愿意重复购买、溢价购买或向他人推荐等具有倾向性的行为特征。

因此，从本书的研究结果来看，几乎可以认为在家政服务业中，雇主对服务质量和感知风险的权衡，最终形成的是愉悦程度、舒适程度等情感方面的获得感，而这种情感的获得程度直接影响到雇主购买行为倾向的可能性。因而，简化为家政服务业的雇主情感价值链模型，如图 6-2 所示。

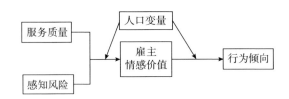

图 6-2　家政服务业雇主情感价值链模型

资料来源：笔者根据研究结论绘制而成。

6.2 理论贡献与管理启示

本书探讨的是家政雇主感知价值对其购买行为倾向的作用机理，同时深入分析了雇主感知价值的形成过程及构成状况。经过实证研究后获得的结论对家政学理论的发展和家政业管理与营销实践具有一定程度的启示。

6.2.1 理论贡献

本书以家政雇主的购买行为倾向为因变量，雇主感知价值为自变量，服务质量、感知风险、购买价格为感知价值的前因变量，通过理论推导，利用李克特 7 级量表进行问卷调查，并使用 AMOS 软件对研究假设进行结构效度的验证，多数研究假设得到了支持。总体来看，可以从研究结论归纳出以下理论贡献：

首先，扩展了感知价值理论和价值链理论。通过实证分析，本书证明了在家政服务业中，感知价值各构成要素间存在明显的价值传递关系，这种价值传递关系发端于雇主对服务质量的感知，通过形成并影响功效价值和经验价值，进一步形成并影响了社会价值和体验价值，其结果与感知风险相权衡后形成并影响情感价值。也就是说，在家政服务业中，通过一系列的传递过程，感知价值集中体现在雇主的情感共鸣方面，基于此过程形成的这一链式结构可以称为"感知价值链"，本书据此构建了"感知价值链"模型，并进一步将其提炼为"情感价值链"，这在以往的研究中尚未被发现。这既是对感知价值理论的扩展和补充，也是对价值链理论的丰富。本书还认为，这种价值传递关系在其他行业中同样存在，只是因为行业不同，其价值的传输路径可能不同。

其次，重构了感知价值的前因变量。以往在针对多数行业的研究中，购买价格对感知价值和购买行为倾向的影响总是非常显著，然而在目前的中国家政服务业中，雇主并不太关注购买价格的问题。一方面说明当前的中国家政市场有效供给不足，供给侧与需求侧之间缺乏平衡性；另一方面说明由于家政服务内容的复杂性和多样性导致雇主对价格并无统一的认知和比较标准。这也进一步说明作为"人对人的服务"的家政服务业是一个非常复杂的行业。另外，在以往的多数研究结论中，感知风险对感知价值整体以及行为倾向均呈负向影响关系，然而，本书的研究结论显示，感知风险仅仅对感知价值构成要素之一的情感价值有显著影响，对其他感知价值要素和行为倾向并不产生显著影响。进而，本书依据研究结论，提出了家政服务业的情感价值公式："$EV=PV'-PR$"。同时，该发现也进一步证明了家政服务业与其他行业的购买行为形成机制存在明显差异。

再次，为感知价值是形成和影响购买行为倾向的直接影响因素的理论在家政服务业中仍然成立提供了新的证明。本书的研究结论进一步证实了，对于家政服务业而言，雇主购买的并非产品和服务本身，而是因购买和使用过程获得的价值感受。过去有学者将满意度作为行为倾向的直接影响因素，但满意度往往是指顾客在至少有一次以上购买和使用经历后对预期效用和实际效用的比较结果，根据顾客满意度指数模型（CSI）[1] 可知，顾客的行为表现是放弃再次购买或再次购买。而行为倾向的行为表现是购买意愿、溢价购买意愿和推荐意愿，同时，感知价值或情感价值并不一定产生于有购买或使用经历之后，甚至在购买前已经产生，特别地表现在口碑效应和顾客从其他地方学习到的经验等方面。

最后，在多数行业中均成立的功效价值正向影响社会价值的理论，但在目前的中国家政服务业中并不成立，且影响正好呈负相关关系。这也进一步证明了绝大多数的管理理论都存在一定的适用范围。

6.2.2　管理启示

根据研究结论可以发现，服务质量、感知风险、功效价值、经验价值、情感价值五个方面对雇主购买行为倾向产生重要影响。因而，企业应该重点考虑如何通过改善服务质量、降低感知风险、提升功效价值和经验价值、培育情感价值，进而促进雇主产生对企业有利的购买行为倾向。

第一，改善服务质量方面。从拟合模型来看，家政公司要改善服务质量，

---

① 顾客满意度指数模型（Customer Satisfaction Index，CSI）包括顾客预期（Customer Expectations）、感知质量（Perceived Quality）、感知价值（Perceived Value）、顾客满意度（Customer Satisfaction）、顾客抱怨（Customer Complaints）、顾客忠诚（Customer Loyalty）6 个结构变量。该模型被认为是目前体系最完整、应用效果最好的衡量某个国家顾客满意度理论模型，已被大量国家或地区采用。

可以从 PS3、PS4 两个方面着手，首先，从家政公司的装饰装修、接待区的布置、设备的现代化程度等可以评价其服务质量，因而，作为帮助人们改善生活品质的家政企业应该做到通过自身形象的打造来赢得雇主的信任。其次，由于雇主从家政公司员工对细节的关注程度可以评价其服务质量，因而，公司有必要把服务可能涉及或应该关注的细节作为行为准则，对员工进行灌输，甚至作为绩效考核的依据。特别是随着中国社会和经济的发展，作为"新家政"产业发展的推动者，家政企业更应该树立以打造专业化和创新思维为理念的企业形象。

第二，降低感知风险方面。从本书的拟合模型来看，企业可以从 PR1、PR2 两方面着手降低雇主感知风险。首先，可以通过透明的信息传播手段，帮助雇主明白使用这项服务可能存在的风险，并针对每一项风险提供解决预案，一方面可以减少雇主选择的时间和精力；另一方面可以增强雇主的信任，从而减少由感知风险造成的情感阻断现象。其次，为了防止雇主对企业产生不信任，企业可以为其量身定制服务内容和标准，以充分满足其关键需求。另外，从表 5-20~表 5-29 可以看出，不同年龄、收入、购买次数的雇主群组对感知风险的敏感性存在明显差异，针对风险意识更显著的雇主群组，以提升情感依赖为目的，提供针对性更强的服务项目，降低雇主因不确定性产生的感知风险，这种方法可以称为家政销售的"感知风险情感刺激法"。

第三，提升感知功效和经验价值方面。根据拟合模型，企业可以从 PVF1、PC2、PC3 三个方面思考如何切实帮助雇主减轻家庭事务的压力，为雇主及其家人节省体力和精力，使其有时间做自己的事。另外，企业可以依据 PVF2、PVF4，站在雇主的角度，尽可能地帮助雇主解决家庭生活的所有需要，能提供丰富、全面的服务项目，依据 PC1、PC4 站在雇主的立场，做好雇主的参谋，真诚地为雇主服务，使雇主感知到花费的每一分钱都值得，从而产生节约了金钱的感受。

第四，培育情感价值方面。根据拟合模型，企业可以考虑从 PVE1 让雇主感觉愉快、PVE2 让雇主感觉很有趣、PVE3 让雇主感觉舒服、PVE4 让雇主感觉选择正确四个方面着手培育和增加雇主的情感价值。首先，企业和服务人员通过同理心来理解雇主的心情是赢得雇主信任和好感的最佳方式。因而，企业应该站在客户立场为雇主考虑，和雇主感同身受，为雇主创造愉悦的心情。其次，企业和服务人员要学会平易近人，掌握与雇主无障碍交流的技巧，经常为雇主及其家庭提供建设性的资讯和建议，不断拉近与雇主的关系，同时，企业要通过不断创新，经常给雇主带来不一样的感受，使雇主产生强烈的依赖和信任感。再次，由于现代人都有享受生活的愿望，他们总想让业余时间变得更轻松。因而，家政公司不仅可以帮助雇主减轻家务劳动的压力，还可以帮助雇主规划、设计、安排业余生活，做好雇主享受生活的顾问和帮手，帮他们达成自己的心愿。菲佣之所以受到全世界的欢迎，就是因为她们不仅是保姆和清洁工，关键是她们已经成为雇主在享受生活时值得放心的保障。因而，家政公司应该将自己融入雇主的生活中，与雇主形成生活的攻守同盟，进而成为雇主生活中不可或缺的一部分。这样的公司可以让顾客产生非常强烈的情感依赖。最后，要让雇主感觉到选择是正确的，就要让雇主感觉到物超所值，关键是要使雇主得到对于他们来讲最重要和最合适的服务，从而降低其购买后悔度。

第五，基于人口统计变量调节作用的营销启示。根据同一人口统计变量不同群组对家政服务雇主行为倾向的调节作用具有显著差异，企业应该针对某一个或某几个不同群组提供最符合其需求的产品和服务，采用差异化营销策略及促销手段，在提升雇主行为倾向的基础上，进一步提升其品牌忠诚度。

第六，从本书的研究结果看，普及家政服务知识，做好市场培育工作，转变人们的传统观念中认为的家政服务就是家务劳动的思想，向人们灌输"新家政"的概念，让人们理解家政服务的目的是帮助其提高生活质量，进而做好企业品牌定位和传播工作。

6.3 研究中存在的不足

本书通过实证研究对假设进行了验证，并得到了较理想的研究结论，发现了一些新的知识，同时也在一定程度上佐证了其他研究者的相关结论，研究取得了较满意的成果。但在研究过程中仍然存在以下不足：

第一，有效样本数量不大，由此，可能导致个别潜变量的观测变量可靠性不是很高，在将来的进一步研究中，有必要进一步补充足量的有效样本量。

第二，由于部分样本被选取但是没法实现调查，样本的代表性可能存疑，比如部分上层社会人士根本没有被调查的可能。从而导致样本覆盖群体不全，有可能影响到研究结论。虽然从目前收集到的数据来看，基本能很好地代表中间社会阶层的实际情况，但美中稍显不足。

第三，由于有 79 份问卷是在微信朋友圈中进行发放并转发，导致调研对象在受教育层次、收入分布等方面相对集中，使研究结论的普适性可能受到一定影响。

第四，除本书所述的影响因子外，不排除还存在对家政服务雇主情感价值及行为倾向产生影响的其他因素，这需要在将来的研究中进一步充分考察。

第五，由于受教育层次、生活环境、生活习惯、区域文化的不同，可能导致不同地区的被调查者对问卷个别题项的理解存在偏差，也有可能影响到结论的普适性，因而在后续的研究中有必要加以调整并作进一步验证。

6.4　研究展望

结合本书的研究结论和不足之处的分析，未来还可从以下四个方面进行更深入的研究：

第一，扩大调研范围，增加样本数量和所代表的群体数量。在未来的研究中，进一步扩大样本采集对象的范围、细分样本群体，既要考虑搜集大量普通雇主的样本数据，使样本更具代表性，使研究结论更具普遍性，同时也要想办法搜集比较特殊的群体数据，如中上层和上层社会雇主的数据，使数据覆盖面更全、研究结果可靠性更高。

第二，虽然研究结论显示，价格并不是家政雇主考虑的主要因素，但是在现实中，雇主不可能完全不考虑价格。本书的研究结论只能说明在同等服务质量的前提下，雇主会考虑价格因素。因此，针对家政服务的定价策略，以及如何推行总成本领先战略，如何实现企业、雇主、社会三者的平衡等方面的问题，应该是未来研究的重要内容。

第三，在本研究假设中，虽然感知生活方式价值未通过信效度检验，且对家政服务雇主行为倾向影响也不显著，有可能是样本结构不合理导致的，或者可能是被试对"生活"和"生计"的理解不同导致的。随着中国经济社会的进一步发展，人们对"生活方式价值"的意识进一步增强，重新挑选样本进行检验，其数据可靠性和对行为倾向的影响性有可能会比较显著。同时，在研究样本的数据分析中，感知生活方式价值的分变量信度值也已经达到 0.492，非常接近 0.5 的临界值，也能说明感知生活方式价值还是有一定的认知度的。这个问题也是未来研究中有必要进一步探讨的内容。

第四，从目前学者对家政服务业品牌建设的研究来看，基本还停留于表层性的要不要做品牌营销以及品牌营销的意义和作用的讨论。而品牌定位的核心是考虑雇主需求，雇主购买行为研究是其首要任务，在这方面，本书仅做了一些初步尝试，需要做的研究工作还很多，如雇主感知价值对品牌定位策略的影响、家政服务企业形象塑造、家政服务产品组合、家政服务定价、家政企业竞争力影响因素等，这些课题的研究正是构建家政学或家政营销学理论体系的重要工作内容，在中国，不同地区家政业所处的产业生命周期阶段存在不同，从全国范围来看，该行业呈现出形成期、成长期、成熟期并存的现象，发展水平也参差不齐，总体呈现东快西缓、东高西低的状态。因而，情况比较复杂，其研究思路和方法也应有所区别。但从营销学的角度看，无论如何发展和变化，雇主的消费心理与行为研究都是企业和学界不可忽略的问题。同时，由于现代高科技的迅猛发展，给家政产业和家政学的发展与研究带来了新的机遇和挑战，"计算家政学"的兴起，正是未来家政学发展和研究的重要方向之一，这将使利用大数据收集与分析、人工智能、现代通信等前沿技术为更深入和科学地探究雇主感知价值与购买行为倾向提供更科学和有效的解决思路与工具成为可能。由于家政服务业的研究在中国起步不久，其研究的空间和价值都非常大，需要有关学者深入探讨，这将有利于中国家政服务业的健康、稳定和可持续发展，并对"全面小康""乡村振兴"等事关国家发展和长治久安战略的实施产生深远影响。

6.5　本章小结

　　本章在数据分析的基础上，第一，对所有研究假设给出了结论，包括人口统计变量对各变量影响的结论、各变量间影响关系的结论、不同群组对主要关键路径的调节效应差异的结论，并对未通过检验的假设进行了分析。第二，总结了研究过程中的新发现及研究成果对相关理论的扩展。第三，依据研究结果，对基于感知价值的家政雇主购买行为影响机制的"感知价值链"模型进行了定型，并进一步提炼出"家政业雇主的情感价值链"模型，同时归纳了家政服务业情感价值公式：$EV = PV' - PR$。第四，依据研究结论，归纳了本书的理论贡献，并从改善服务质量、降低感知风险、提升功效和经验价值、培育情感价值以及不同人口变量群组调节效应差异五个方面总结了相应的营销和管理启示。第五，反思了研究过程中由主客观原因导致的研究不足，提出了未来进一步研究需要注意的问题，并展望了家政学和家政营销学未来关于雇主感知价值与购买行为的相关研究方向、内容和需要取得的研究成果。

参考文献

［1］ Alcon E. M., Quinones P. G., Bermejo L. R. Household Services in Spain: Some Key Expanatory Factors ［J］. The Service Industries Journal, 2002, 22 (1): 92-121.

［2］ Anderson J. C., Narus J. A. Business Marketing: Understand What Customer's Value ［J］. Harvard Business Review, 1998 (6): 53-65.

［3］ Anderson J. C., Jain D. C., Chintagunta P. K. Customers Value Assessment in Business Markets: A State-of-Practice Study ［J］. Journal of Business-to-Business Marketing, 1993 (1): 3-29.

［4］ Anne Flipo, Denis Fougere, Lucile Olier. Is the Household Demand for In-home Services Sensitive to Tax Reductions? The French Case ［J］. Journal of Public Economics, 2007 (91): 365-385.

［5］ A. Parasuraman, Valarie A. Zeithaml, Leonard L. Berry. A Conceptual Model of Service Quality and its Implications for Future Research ［J］. Journal of Marketing, 1985 (49): 41-50.

［6］ Bauer R. A. Consumer Behavior as Risk Taking in Dynamic Marketing for a Changing World ［Z］. Chicago: American Marketing Association, 1960.

［7］ Becker G. S. A Theory of the Allocation of Time ［J］. The Economic Journal, 1965 (75): 493-517.

［8］ Bojanic D. C. Consumer Perceptions of Price, Value and Satisfaction in the Hotel Industry: An Exploratory Study ［J］. Journal of Hospitality and Leisure Marketing, 1996, 4 (1): 5-22.

[9] Brady M. K. , Cronin Jr J. J. Customer Orientation: Effects on Customer Service Perception and Outome Behaviors [J]. Journal of Service Research, 2001 (2): 241-251.

[10] Brown Stephen W. , Teresa A. Swartz. A Gap Analysis of Professional Service Quality [J]. Journal of Marketing, 1989, 53 (4): 92-98.

[11] Carl J. Dahlman. The Problem of Externality [J]. Journal of Law and Economics, 1979 (4): 141-162.

[12] Chen X. Y. , Cheah S. , Shen A. Empirical Study on Behavioral Intentions of Short-Term Rental Tenants-The Moderating Role of Past Experience [J]. Sustainability, 2019, 11 (12): 3404.

[13] Coase R. H. The Nature of the Firm [J]. Economica, 1937, 4 (16): 386-405.

[14] Cosmas C. Lifestyles and Consumption Paterns [J]. Journal of Consumer Research, 1982 (4): 453-455.

[15] Cox D. Risk Taking and Information Handling in Consumer Behavior [M]. Boston: Harvard University Press, 1976.

[16] Cronin Jr J. J. , Taylor S. A. Measuring Service Quality: A Reeamnination and Extension [J]. Journal of Marketing, 1992 (56): 56-68.

[17] Cronin Jr J. J. , Brady M. K. , Hult G. T. M. Asessing the Effects of Quality, Value, and Customer Satisfaction on Consumner Behavioral Intentions in Service Enironments [J]. Journal of Retailing, 2000, 76 (2): 193-218.

[18] Duman T. , Mattila A. S. The Role of Affective Factors on Perceived Cruise Vacation Value [J]. Tourism Management, 2005 (26): 311-323.

[19] Eisinga R. , Te Grotenhuis M. , Pelzer B. The Reliability of a Two-item Scale: Pearson, Cronbach, or Spearman-Brown? [J]. International Journal of Public Health, 2013, 58 (4): 637-642.

[20] Elena Manas Alcon, Patricia Gabaldon Quinones, Luis Rubalcaba Bermejo. Household Services in Spain: Some Key Expanatory Factors [J]. The Service Indus-

tries Journal, 2002, 22 (1): 92-121.

[21] Emin Babakus, Gregory W. Boller. An Empirical Assessment of the SERVQUAL Scale [J]. Journal of Business Research, 1992, 24 (3): 253-268.

[22] Engel J., Blackwell R., Kollat D. Consumer Behavior [M]. New York: Dryden Press, 1978.

[23] Feldman S. D., Thielbar G. W. Life Styles: Diversity in American Society [M]. Boston: Little Brown, 1975.

[24] Fishbein M., Ajzen I. Belief, Attitude, Intention and Behavior: An Introduction to Theory and Research [M]. Massachusetts: Addison-Wesley, 1975.

[25] Flint D. J., Woodruff R. B., Gardial S. F. Customer Value Change in Industrial Marketing Relationships: A Call for Never Strategies and Research [J]. Industrial Marketing Management, 1997 (26): 163-175.

[26] Flipo A., Fougère D., Olier L. Is the Household Demand for In-home Services Sensitive to Tax Reductions? The French Case [J]. Journal of Public Economics, 2007 (91): 365-385.

[27] Gale B., Gale B. T., Wood R. C. Managing Customer Value: Greating Quality and Service that Customers can See [M]. New York: The Free Press, 1994.

[28] Grönroos C. Service Management and Marketing the Moments of Truthin Service Competition [M]. Massachusetts: Lexington Books, 1990.

[29] Guiry M. D. Modern Approaches to the Analysis of Algal Morphology and Systematics Species Concepts in Marine Red Algae [J]. Progress in Phycological Research, 1992 (8): 251-278.

[30] G. Alok, Su Bochiuan, W. Zhiping. Risk Profile and Consumer Shopping Behavior in Electronic and Traditional Channels [J]. Decision Support Systems, 2004 (38): 347-367.

[31] Halme M., Anttonen M., Hrauda G., Kortman J. Sustainability Evaluation of European Household Services [J]. Journal of Cleaner Production, 2006 (14): 529-1540.

[32] Hawkins D. I., Best R. J., Coney K. A Consumer Behavior Building Mar-

keting Strategy [M]. New York: McGraw-Hill, 2011.

[33] Higgins K. T. The Value of Customer Value Analysis [J]. Marketing Research, 1998, 78 (23): 78-79.

[34] Huddleston F. L., Mahoney M. The Relationship between Importance of Retail Store Attributes and Lifestyle of Mature Female Consumers [J]. Journal of Consumer Studies and Home Economics, 1990 (14): 71-85.

[35] Illeris S. Formal Employment and Informal Work in Household Services [J]. The Service Industries Journal, 1989, 9 (1): 94-109.

[36] Jakson B. B. Build Customer Relationship that Last [J]. Harvard Business Review, 1985 (6): 120-128.

[37] Johan J. Graafland, Childcare Subsidies, Labour Supply and Public Finance: An AGE Approach [J]. Economic Modelling, 2000 (17): 209-246.

[38] Karahanna E., Straub D. W., Chervany N. L. Information Technology Adoption across Time: A Cross-sectional Comparison of Pre-adoption and Post-adoption Beliefs [J]. MIS Quarterly, 1999, 23 (2): 183-213.

[39] Kashyap R., Bojanic D. A Structural Analysis of Value, Quality, and Price Perceptions of Business and Leisure Travelers [J]. Journal of Travel Research, 2000, 39 (1): 45-51.

[40] Kelly G. A. The Psychology of Personal Constructs [M]. New York: Norton, 1955.

[41] Kempf D. Attitude Formation from Product to Trial: Distinct Role of Cognition and Affect for Hedonic and Functional Products [J]. Psychology and Marketing, 1999 (16): 10-16.

[42] Khalifa M., Liu V. Online Costomer Rentention: Contingent Effects of Online Shopping Habit and Online Shopping Experience [J]. European Journal of Information Systems, 2007, 16 (6): 780-792.

[43] Lapierre J., Filiatrault P., Chebat J. C. Value Strategy Rather than Quality Strategy: A Case of Business-to-business Professional Services [J]. Journal of Business Research, 1999, 45 (2): 235-246.

［44］ Lazer. Lifestyle Concepts and Marketing ［J］. Toward Scientific Marketing, American Marketing Association, 1963 （3）: 64-105.

［45］ Lin M. J. , Tang K. , Fan Q. J. Research on the Impact of Video-Based Native Ads on Users'Purchase Intention under the Perceived Value Theory ［C］. 6th International Conference on Humanities and Social Science Research, 2000.

［46］ Maher K. H. Workers and Strangers the Household Service Economy and the Landscape of Suburban Fear ［J］. Urban Affairs Review, 2003, 38 （6）: 751-786.

［47］ Mathwick C. , Malhotra N. , Rigdon E. Experiential Value: Conceptualization, Measurement and Application in the Catalog and Internet Shopping Environment ［J］. Journal of Retailing, 2001, 77 （1）: 39-56.

［48］ Minna Halme, Markku Anttonen, Gabrie Je Hrauda, Jaap Kortman. Sustainability Evaluation of European Household Services ［J］. Journal of Cleaner Production, 2006 （14）: 1529-1540.

［49］ Morris T. Customer Relationship Management ［J］. CMA Magazine, 1994, 22 （4） : 22-25.

［50］ Nena L. Consumers' Perceived Risk: Sources Versus Consequences ［J］. Electronic Commerce Research and Applications, 2003 （2）: 216-228.

［51］ Nirmala R. P. , Dewi I. J. The Effects of Shopping Orientations, Consumer Innovativeness, Purchase Experience, and Gender on Intention to Shop for Fashion Products Online ［J］. Gadjah Mada International Journal of Business, 2011, 13 （1）: 65-83.

［52］ Parasuraman A. Reflections on Gaining Competitive Advantage through Customer Value ［J］. Journal of the Academy of Marketing Science, 1997, 25 （2）: 154-161.

［53］ Peter J. P. , lson J. C. Consumer Behavior and Marketing Strategy （Fourth Edition） ［M］. New York: Mcgraw-Hill Book Company, 1996.

［54］ Petrick J. Development of a Multi-dimensional Scale for Measuring the Perceived Value of a Service ［J］. Journal of Leisure Research, 2002, 34 （2）: 119-134.

［55］ Plummer J. T. The Concept and Application of Life Style Segmentation ［J］.

Journal of Marketing, 1974 (1): 33-37.

[56] Ravald, Gronroos. The Value Concept and Relationship Marketing [J]. European Journal of Marketing, 1996, 30 (2): 19-30.

[57] Reeves M., Levin S., Ueda D. The Biology of Corporate Survival: Natural Ecosystems Hold Surprising Lessons for Business [J]. Harvard Business Review, 2016, 94 (1): 47-55.

[58] Sanchezetal, Javier. Perceived Value of the Purchase of a Tourism Product [J]. Tourism Management, 2006 (27): 394-409.

[59] Sheth J. N., Newman B. I., Gross B. L. Why We Buy What We Buy: A Theory of Consumption Values [J]. Journal of Business Research, 1990 (22): 159-170.

[60] Solomon M. R. Consumer Behavior [M]. New Jersey: Prentice Hall, 1999.

[61] Sven Illeris. Formal Employment and Informal Work in Household Services [J]. The Service Industries Journal, 1989, 9 (1): 94-109.

[62] Sweeney J., Soutar G. N. Consumer Perceived Value: The Development of A Multiple Item Scale [J]. Journal of Retailing, 2001, 77 (2): 203-220.

[63] Taylor G. A., Neslin S. A. The Current and Future Sales Impact of a Retail Frequency Reward Program [J]. Journal of Retailing, 2005, 81 (4): 293-305.

[64] Wells W., Tigert D. Activities, Interests and Opinions [J]. Journal of Advertising Research, 1971 (11): 27-35.

[65] Wetzels M., De Ruyter K., Lemmink J., Koelemeijer K. Measuring Customer Service Quality in International Marketing Channels: A Multimethod Approach [J]. Journal of Business & Industrial Marketing, 1995, 10 (5): 50-59.

[66] Williams C. C., Windebank J. Beyond Formal Retailing and Consumer Services: An Examination of How Households Acquire Goods and Services [J]. Journal of Retailing and Consumer Services, 2000 (7): 129-136.

[67] Williams C. C., Windebank J. Beyond Formal Retailing and Consumer Services: An Examination of How Households Acquire Goods and Services [J]. Journal of Retailing and Consumer Services, 2000 (7): 129-136.

［68］Williamson O. E. Markets and Hierarchies：Analysis and Antitrust Implications, a Study in the Economics of Internal Organization ［M］. New York：Free Press, 1975.

［69］Wilson P. A. Building Social Capital：A Learning Agenda for the Twenty-first Century ［J］. Urban Studies, 1997 （34）：26-27.

［70］Wood Charles M. , Scheer Lisa K. Incorporating Perceived Risk into Models of Consumer Deal Assessment and Purchase Intent ［J］. Advances in Consumer Research, 1996 （23）：399-405.

［71］Woodall, Tory. Conceptualising Value for the Customer：An Attributional, Structural and Dispositional Analysis ［J］. Academy of Marketing Science Review, 2003 （12）：1-41.

［72］Zeithaml V. A. Consumer Perception of Price, Quality and Value：A Means-End Model and Synthesis of Evidence ［J］. Journal of Marketing, 1998, 52 （7）：2-22.

［73］Zeithaml V. A. Consumer Perceptions of Price, Quality, and Value：A Mean-end Model and Synthesis of Evidence ［J］. Journal of Marketing, 1988, 52 （3）：2-22.

［74］Zhang Z. , Wang H. Q. How Online Social Ties and Product-related Factors Influence Purchasing Intention in Mobile Social Commerce Context? ［J］. International Journal of Mobile Communications, 2019, 17 （2）：191-212.

［75］Zhang Z. , Chen H. H. , Xiao B. Understandinge WOM of Chinese Governments Information Service：A Perceived Value-based Perspective ［J］. Information Discovery and Delivery, 2019, 47 （4）：251-258.

［76］［美］B. 约瑟夫·派恩, 詹姆斯·H. 吉尔摩. 体验经济 ［M］. 毕崇毅, 译. 北京：机械工业出版社, 2012.

［77］［美］菲利普·科特勒. 市场营销管理（亚洲版）［M］. 洪瑞云, 等译. 北京：中国人民大学出版社, 2000.

［78］［美］菲利普·科特勒. 营销管理：分析、计划、执行和控制 ［M］. 梅沙和, 等译. 上海：上海人民出版社, 1997.

［79］［美］加里·斯坦利·贝克尔. 家庭论［M］. 王献生，王宇，译. 北京：商务印书馆，1998.

［80］［美］谢斯，米托. 消费者行为管理视角［M］. 罗立彬，译. 北京：机械工业出版社，2004.

［81］Ahuvia A. “生活方式”研究综述：一个消费者行为学的视角［J］. 阳翼，译. 商业经济与管理，2005（8）：32-38.

［82］白长虹，范秀成，甘源. 基于顾客感知价值的服务企业品牌管理［J］. 外国经济与管理，2002（2）：7-13.

［83］白长虹. 西方的顾客价值研究及其启示［J］. 南开管理评论，2001（2）：51-55.

［84］毕京福. 打造家政服务品牌探索居家养老模式：菲律宾、日本发展家政服务业启示［J］. 山东人力资源和社会保障，2012（5）：50-51.

［85］陈芳，王逄越. 家政服务企业标准化工作探析［J］. 标准科学，2013（4）：53-55.

［86］陈荣秋. 顾客中心的管理［J］. 管理学报，2005（2）：133-139.

［87］陈增祥，王海忠. 忠诚计划中不同感知价值与计划忠诚和品牌忠诚的关系［J］. 管理科学，2008（1）：65-71.

［88］成韵，刘勇. 顾客价值对购买决策影响的实证研究［J］. 科技管理研究，2013，33（2）：203-207.

［89］程雁. 加强家政服务业创新与管理［J］. 北京观察，2016（11）：44-45.

［90］储跃星. 合肥市居家养老服务满意度调查及提升策略研究［D］. 合肥：安徽大学，2019.

［91］崔登峰，黎淑美. 特色农产品顾客感知价值对顾客购买行为倾向的影响研究：基于多群组结构方程模型［J］. 农业技术经济，2018（12）：119-129.

［92］邓小丽. 我国家政服务业调查及网络管理模式研究［D］. 武汉：武汉理工大学，2012.

［93］东升，高长江. 高职院校与家政企业打造高质量家政人才的创新思路［J］. 继续教育，2012，26（3）：29-31.

［94］董大海，金玉芳.作为竞争优势重要前因的顾客价值：一个实证研究［J］.管理科学学报，2004，7（5）：84-90.

［95］董大海，权小妍，曲晓飞.顾客价值及其构成［J］.大连理工大学学报，1999（12）：18-20.

［96］董大海，杨毅，强勇.顾客购买行为倾向的测量及其管理意涵［J］.预测，2005（3）：19-24.

［97］董丽娟.家政经纪人的角色力量［J］.经纪人，2003（9）：48.

［98］董晓松，王成璋.享乐与实用谁更具价值：基于顾客价值经验观点与理性观点的辨析研究［J］.内蒙古社会科学（汉文版），2009，30（2）：94-99.

［99］傅彦生.家政O2O发展现状分析［J］.互联网天地，2014（7）：12-14.

［100］郭素娟.政府在家政市场中的干预行为及其影响研究：以福州市为例［D］.北京：清华大学，2014.

［101］韩翠.细化专业服务：小蜜蜂家政公司加盟遍全国［J］.现代营销（创富信息版），2005（12）：29.

［102］韩涧明."小管家"颠覆大家政［J］.理财杂志，2006（4）：10-12.

［103］郝向华，张理.顾客价值理论研究综述［J］.经济研究导刊，2010（6）：157-158.

［104］贺景霖.中国城市家政服务业发展面临的问题与对策［J］.湖北社会科学，2014（1）：86-90.

［105］胡川宁.德国家政服务法律制度研究［J］.现代法学，2011，33（2）：145-151.

［106］胡祖才，薛元，刘宇南.把社会性服务产业培育为新的经济增长点［J］.宏观经济研究，2014（9）：11-19.

［107］黄季焜，仇焕广，白军飞，Carl Pray.中国城市消费者对转基因食品的认知程度、接受程度和购买意愿［J］.中国软科学，2006（2）：61-67.

［108］黄利文.关于做好商务部家政服务工程的思考［J］.江苏商论，2010（9）：57-58.

［109］黄颖华，黄福才.旅游者感知价值模型、测度与实证研究［J］.旅游学刊，2007（8）：42-47.

［110］季晓芬，芮颖霄，雷淑芳，等.中国高档品牌服装购买意愿影响因素研究［J］.丝绸，2019，56（9）：56-64.

［111］荆文娜.单靠政府"喂奶"养不壮家政企业：家政企业做大做强需多方发力，但政府的作用不可或缺［N］.中国经济导报，2014-03-29.

［112］孔德财，姜艳萍，纪楠.家政服务人员与雇主的双边匹配模型［J］.东北大学学报（自然科学版），2015，36（11）：1668-1672.

［113］李爱萍.家政服务企业品牌建设的文化观［J］.经济问题，2017（3）：91-94.

［114］李爱萍.家政服务业品牌建设的特殊性及科学构建［J］.吕梁学院学报，2017，7（1）：71-74.

［115］李爱萍.山西家政服务业创新发展的品牌策略［J］.吕梁学院学报，2016，6（1）：94-96.

［116］李东进，吴波，武瑞娟.中国消费者购买意向模型：对 Fishbein 合理行为模型的修正［J］.管理世界，2009（1）：121-129+161.

［117］李海英，林柳.交易经验在平台式网购顾客满意度评价中的调节作用［J］.软科学，2012（12）：137-142.

［118］李扣庆.顾客价值优势论［M］.北京：经济科学出版社，2004.

［119］李黎.顾客价值理论研究现状与未来发展趋势：基于 CNKI 的文献计量分析［J］.消费经济，2017，33（3）：85-90+54.

［120］李秋.推进家政服务业专业化、规模化、网络化、规范化发展：《焦作市促进家政服务业提质扩容实施方案》解读［N］.焦作日报，2020-05-20.

［121］李巍，陆林，陈妮娜.基于生活方式的信用卡消费市场细分研究［J］.商业研究，2010（6）：181-184.

［122］李玉成.试论如何加快我省家政服务业发展［N］.黑龙江日报，2017-03-12.

［123］李玉娟.关于运用信息化手段推动徐州家政服务业快速发展的实践与思考［J］.市场周刊（理论研究），2012（3）：27-30.

［124］林雅军，李蔚.顾客感知价值研究现状［J］.中国商贸，2015（2）：116-119.

［125］刘芳.找准营销切入点：小蜜蜂家政服务遍布全国［J］.现代营销（创富信息版），2006（5）：52.

［126］刘萍萍，蒋培民.武汉市家政服务业发展现状与对策［J］.武汉商务，2009（1）：1-9.

［127］刘文波，卢思怡，陈荣秋.基于双重属性的顾客价值理论分析模型［J］.华东经济管理，2015，29（1）：137-140.

［128］刘振华.感知价值对不同互补品购买意愿的影响——核心产品品牌形象的调节作用［J］.商业经济研究，2017（24）：45-48.

［129］柳森.重新定义家政的时候到了［J］.决策探索（上），2020（2）：78-80.

［130］陆剑清.金融营销发展路径及演化逻辑辨析：基于"顾客价值新论"的分析视角［J］.上海商业，2020（6）：117-119.

［131］吕德才.合肥市居家养老服务满意度影响因素研究［D］.安徽：安徽财经大学，2018.

［132］孟静.国内家政市场如何从传统走向创新［J］.现代经济信息，2012（3）：273.

［133］莫文斌.家政服务业的国外经验及其借鉴［J］.求索，2016（4）：83-87.

［134］彭敏，尹悦，刘国峰.提升长沙市现代家政服务市场满意度的对策建议［J］.文化创新比较研究，2020，4（6）：170-171.

［135］祁建建.家政服务业：向法治化和体系化方向发展［J］.家庭服务，2019（9）：34-35.

［136］秦杰，李林红.云南省家政服务现状调查［J］.未来与发展，2011，34（1）：42-46.

［137］任翠芳.基于资源整合的家政服务企业O2O商业模式创新路径研究［J］.长春：吉林农业大学，2015.

［138］任素芬.山西家政服务业标准化的必要性［J］.大众标准化，2015（4）：28-30.

［139］邵腾.家庭服务业的社会意义及其发展方向：从家庭服务业的再就

业方向谈起［J］．兰州商学院学报，1997（2）：1-7.

［140］沈维贤．家政服务人员接受教育培训的现状与对策研究：以福州市为例［D］．福州：福建师范大学，2013.

［141］宋娟．以供给侧结构性改革为主线，推动家庭服务业新发展［J］．中国劳动，2019（4）：5-15.

［142］苏海南．我国家政服务业发展趋势展望［J］．小康，2020（4）：38-40.

［143］孙龙飞．我国服务业O2O发展现状分析：以家政行业为例［J］．中国商论，2016（Z1）：171-172+175.

［144］孙铁军．提升服务满意度需要"系统疗法"：基于一次家政服务雇佣关系调查［J］．家庭服务，2016（9）：1+36-37.

［145］孙学敏，常英，李琪，王杰．问题识别、管理创新与企业成长：以三鼎家政为例的分析［J］．河南商业高等专科学校学报，2010，23（3）：1-8.

［146］孙学致，王丽颖．我国家政服务业规范化发展问题研究［J］．经济纵横，2010（5）：115-120.

［147］谭汝聪．基于顾客感知价值的网络团购消费者购买行为研究［J］．中国管理信息化，2019，22（3）：115-119.

［148］唐海秀．促进我国家庭服务业发展的财税政策研究［D］．北京：财政部财政科学研究所，2011.

［149］屠亚丽．基于供需均衡的湖北省家政行业管理对策研究［D］．武汉：华中师范大学，2018.

［150］汪夏为．成都市家政服务业调查与发展方向分析［J］．科技咨询导报，2007（7）：202-203.

［151］王崇，吴价宝，王延青．移动电子商务下交易成本影响消费者感知价值的实证研究［J］．中国管理科学，2016，24（8）：98-106.

［152］王春嬴．家电企业品牌形象对消费者行为倾向影响的理论模型构建［J］．现代商业，2015（36）：9-10.

［153］王敦海．网购模式下消费者重复购买意愿的影响因素研究：基于顾客价值理论和习惯的调节效应［J］．商业经济研究，2018（23）：84-86.

［154］王海燕，罗帆，谢翠．南宁市家政服务业发展模式研究［J］．商品与

质量，2011（S6）：33-34.

[155] 王砾尧.家政服务扩容提质诚信建设步入"快车道"[J].中国信用，2019（3）：36.

[156] 王敏.积极探索家政服务标准化模式[J].中国妇运，2010（12）：14-15.

[157] 王琼.浅谈家政服务业的发展及存在的问题[J].重庆工贸职业技术学院学报，2019，15（3）：62-64.

[158] 王瑞辉.我国家政服务商业模式创新研究——以"中青家政"为例[D].南宁：广西师范大学，2014.

[159] 王薇.家政服务业："春天"还有多远[J].西部大开发，2005（Z1）：142-147.

[160] 王雅祺，李磊.家政服务企业品牌化构建可行性分析及策略[J].中外企业家，2013（24）：18-20.

[161] 王亚萍，向元芳.员工情绪劳动对顾客冲动性购买行为的影响机理分析[J].商业经济研究，2015（23）：61-62.

[162] 王永.和君创业深度营销咨询团队：家政服务公司的商业模式创新[J].现代营销（学苑版），2005（3）：38-40.

[163] 王永贵.服务质量、顾客满意与顾客价值的关系剖析——基于电信产业的整合框架[J].武汉理工大学学报（社会科学版），2002（6）：579-587.

[164] 魏霞.家政服务的困境与破局思考[J].小康，2020（6）：6.

[165] 吴锦峰，侯德林，张译井.多渠道零售系统顾客采纳意愿的影响因素研究：基于网络购物经验的调节作用[J].北京工商大学学报（社会科学版），2016，31（4）：51-59.

[166] 吴限.家政服务呼唤诚信引领[J].中国信用，2019（4）：36.

[167] 吴垠.关于中国消费者分群范式（China-Vals）与应用研究[C].第四届中国经济学年会，2004.

[168] 吴莹.长春市家政服务业的市场规模及成长性分析[J].经济地理，2006（6）：1014-1017.

[169] 武永红，范秀成.基于顾客价值的企业竞争力整合模型探析[J].中

国软科学，2004（11）：6-92.

［170］谢小娟.家政 O2O 服务平台设计与实现［D］.北京：北京工业大学，2019.

［171］邢顺福，卢奋，常永胜.顾客价值理论综述［J］.江苏商论，2007（6）：40-42.

［172］熊唯.社区居家养老服务满意度评价及提升策略研究［D］.武汉：华中师范大学，2017.

［173］徐明，于君英.SERV QUAL 标尺测量服务质量的应用研究［J］.工业工程与管理，2001（6）：6-9.

［174］徐鹏.基于消费者认知的品牌定位模式研究［D］.天津：南开大学，2009.

［175］杨瑚，张亮晶，张晓兵，张怀林.基于 SWOT 分析的中国家政服务业品牌建设营销策略研究［J］.社科纵横，2010，25（2）：58-61.

［176］杨辉.株洲市家政服务行业存在的问题及发展对策研究［J］.科技经济市场，2010（9）：98-100.

［177］杨龙，王永贵.顾客价值及其驱动因素剖析［J］.管理世界，2002（6）：146-147.

［178］杨晓燕，周懿瑾.绿色价值：顾客感知价值的新维度［J］.中国工业经济，2006（7）：110-116.

［179］杨秀玉，王立荣，郭燕颖，等.中国家政服务行业的现状、问题及对策探索：基于河南省家政服务公司发展经验思考［J］.商业文化（上半月），2011（9）：196-197.

［180］杨毅，董大海.互联网环境下消费者行为倾向前因研究述评［J］.预测，2007（4）：1-9.

［181］佚名.2019 中国家政服务业商业模式与发展趋势探究［J］.家庭服务，2020（1）：46-47.

［182］于海洋.兴安家政：服务专业化、培训标准化、发展品牌化［J］.家庭服务，2019（12）：8-9.

［183］于小飞.YG 公司家政服务标准化对顾客满意度影响的实证研究［D］.山

东：山东大学，2019.

[184] 张国政，彭承玉，张芳芳，杨亦民. 农产品顾客感知价值及其对购买意愿的影响——基于认证农产品的实证分析 [J]. 湖南农业大学学报（社会科学版），2017，18（2）：24-28.

[185] 张劲男. 家政服务企业标准化工作的探讨 [J]. 中国新技术新产品，2015（3）：167.

[186] 张路，张文静. 国内外家政服务研究现状及评述 [J]. 山东纺织经济，2015（6）：20-22.

[187] 张梦霞.“价值观—动机—购买行为倾向”模型的实证研究 [J]. 财经问题研究，2008（9）：89-94.

[188] 张欣. 家有“阳光大姐”：谈家政服务标准化 [J]. 大众标准化，2011（8）：48-50.

[189] 张新安，田澍. 基于 SERVQUAL 的供电服务质量测量标尺研究 [J]. 管理工程学报，2005（4）：1-8.

[190] 张志东.“提质扩容”思路下黑龙江省家政服务业现状分析与发展建议 [J]. 商业经济，2020a（5）：19-20.

[191] 张志东. 提质扩容背景下家政服务业信用体系建设的思考 [J]. 对外经贸，2020b（5）：158-160.

[192] 赵昶，靳明，赵敏. 女性群体绿色农产品购买行为结构研究 [J]. 财经问题研究，2008（1）：113-118.

[193] 赵越. 论家政工人权益的劳动法保护 [D]. 辽宁：辽宁大学，2015.

[194] 钟凯. 网络消费者感知价值对购买意愿影响的研究 [D]. 辽宁：辽宁大学，2013.

[195] 周俊. 问卷数据分析——破解 SPSS 的六类分析思路 [M]. 北京：电子工业出版社，2017.

[196] 周涛. 锦州市家政服务业发展的现状和发展建议 [J]. 商业经济，2014（8）：56-58.

[197] 周昭. 论我国家政服务立法的缺陷及完善 [D]. 湘潭：湘潭大学，2013.

后 记

　　现代意义上的家政和传统保洁、保姆存在本质上的差异，但往往被太多人误解。每当有同事了解到我做家政服务研究时，普遍认为没有太多研究内容。包括我自己，在导师建议做这方面研究时也心存疑虑。然而，当我深入了解后，才真正发现其研究的现实意义和长远意义，并且存在非常大的研究空间。特别是近年来众多高校陆续开设家政学本科甚至研究生教育，这更坚定了我研究下去的决心。

　　在我国，家政学是高等教育体系中的新兴专业之一，目前被归入法学学科，其亟须研究和解决的问题还很多，学科体系的构建、专业课程的设置，也有待突破。在我看来，家政学还应进一步向工商管理、市场营销专业靠拢。以往的多数学者主要站在政策制定、市场规范等角度，从企业定价、产品生产、服务内容、形象塑造等方面探讨家政企业要做什么、应该做什么，却忽略了雇主之所以购买或继续购买家政服务，是因为他们感知到这一服务帮其实现的各方面价值。在导师的指导下，我最终选择了基于感知价值的家政服务雇主购买行为倾向研究这一课题。

　　由于家政服务不仅是"一个人对一个人"的服务过程，更是一个人甚至一个团队对一个家庭的服务过程，同时也是一个购买过程和使用过程错位的过程。所以，研究中需要考虑的因素很多，总感觉有太多变量未被纳入研究模型之中，不停地访谈和查阅资料，经过数十次增加、删减、再增加、再删减，最终才定稿。问卷制作也是一项艰苦的工作，不断走访雇主、拜访家政公司和服务人员，不断与语言专家沟通，听取修改意见，不知修改了多少遍才定稿。结构方程优化也是一件烦琐的事，一味想着要达到最优拟合系数，不停增加残差间的路径，但当拟合系数达到最优时，模型却构建得非常复杂。在重新删除部分已连接的残差间路径后，得到了最终的较优定型。最后得到的结论和建议都是在反复斟酌并与企业沟通后提出的，能与现实需求较好契合。

本书的研究内容其实并不复杂，理论基础也比较成熟，但需要研究和解决的问题非常多，所以，本书的研究仅能起到抛砖引玉的作用。同时，本书的研究采用回归分析和结构方程模型 SEM 等传统研究方法，把研究对象视作有序、稳定、清晰、线性变化的均衡状态，但在研究过程中，一些问题的处理难以达到理想效果。例如：收入、年龄、消费频率、使用次数以及李克特量表得分等的大、小、高、低、多、少的归属问题；变量间可能出现多重共线性的情况；R^2（回归拟合度）普遍偏低的问题；揭示复杂因素影响下存在多重并发因果关系的可能性；等等。因而，我开始思考，能否从整体观念出发，针对家政雇主甚至家政产业，从组态视角开展比较分析（QCA），利用超越定性或定量的研究技术也许能得到更多有价值的研究成果。虽然需要做的基础工作很多，但这是我下一步的努力方向。

我工作、生活在凉山彝族自治州，这里是全国最大的彝族聚居区，山美、水美、四季如春，民族风情浓郁，但限于地理区位、历史、文化等原因，其部分民族县、乡成为全国脱贫攻坚的最后脱帽地区，大规模易地扶贫搬迁产生了大量闲置劳动力，创业、就业、养老、社区治理等问题成为其防止大规模返贫工作亟待克服的最大困难。如果能通过发展家政服务产业，打造类似"菲佣""印尼佣"的地方家政服务人力资源品牌，实现部分劳动力在"家门口就业"，以及大部分劳动力经过专业培训后对外输出，既有利于缓解我国部分地区家政服务人员严重不足的情况，又有利于摆脱上述困境，还能助力巩固脱贫攻坚成果与乡村振兴有效衔接。当然，这也需要更深入、全面的研究和科学规划。

在本书即将付梓之际，我最需要做的是感谢为本书写作、出版作出努力的恩师、家人、朋友和单位。

首先，真诚感谢我的博士生导师武汉大学罗教讲教授把我带进家政服务研究这一领域，罗老师是我国家政学研究的开拓者和践行者之一，他把最新的研究思路和成果毫无保留地分享给我和我的同学，多次利用出差机会现场指导我做材料收集、研究设计、论文撰写和修改，带领我和同学们参加各种家政服务、计算社会科学的论坛、讲座，为我们开启新的研究领域。在《家政服务业雇主行为倾向研究——基于感知价值理论的视角》交付出版之际，罗老师又欣然同意为其作序，这篇序言为本书增益了很重的学术分量，使我对家政学理论的认知高度又得到了一次很重要的提升。同时，罗老师的评价增加了我对家政学领域的一些重要问题开展更深入研究的更大信心和勇气。

其次，感谢西昌学院及其经济管理学院为本书出版提供的各种支持，感谢经济管理出版社的所有工作人员在本书出版过程中的辛苦付出。另外，在本书编写过程中，借鉴和引用了国内外大量前辈学者的论文、著作、研究成果，虽然在书中已尽量标明出处，但难免疏漏，在此一并致以诚挚谢意。

最后，感谢我年迈的父母，以及弟弟、弟媳，他们几乎包揽了我从读博以来到本书出版期间的一切家务。是家人的支持、鼓励和无微不至的爱，让我能心无旁骛地专注于学习、思考和研究。

这是一次全身心投入的研究，我收获满满。

周伟韬

2023 年 8 月于西昌学院